高等教育领导力丛书

领导者需知必做
——领导能力记分卡

布兰特·罗本 (Brent D. Ruben) 著

陈传夫 等 译

What Leaders Need to Know and Do

A Leadership Competencies Scorecard

图书在版编目(CIP)数据

领导者需知必做:领导能力记分卡/(美)罗本著;陈传夫等译.—武汉:武汉大学出版社,2015.8
高等教育领导力丛书
ISBN 978-7-307-14775-1

Ⅰ.领… Ⅱ.①罗… ②陈… Ⅲ.领导能力—研究 Ⅳ.C933

中国版本图书馆CIP数据核字(2014)第260025号

著作权合同登记号:图字17-2014-190

Original English language edition entitled What Leaders Need to Know and Do: A Leadership Competencies Scorecard by Brent D. Ruben, published by the National Association of College and University Business Officers (NACUBO).

© 2006 By NACUBO

Chinese language edition arranged through the National Association of College and University Business Officers © 2015

All rights reserved. No part of this book may be reproduced or transmitted in any form or by any means, electronic or mechanical, including photocopying, recording or by any information storage retrieval system, without permission in writing from the publisher.

本书英文原版书名为 What Leaders Need to Know and Do: A Leadership Competencies Scorecard,作者Brent D. Ruben,由National Association of College and University Business Officers 2006年出版。

本书中文翻译版由National Association of College and University Business Officers 授权。

版权所有,盗印必究。未经出版者授权,不得以任何形式、任何途径,生产、传播和复制本书的任何部分。

责任编辑:李 程　　责任校对:鄢春梅　　版式设计:马 佳

出版发行:武汉大学出版社　(430072　武昌　珞珈山)
　　　　　(电子邮件:cbs22@whu.edu.cn　网址:www.wdp.com.cn)
印刷:武汉中远印务有限公司
开本:720×1000　1/16　印张:5.5　字数:85千字　插页:1
版次:2015年8月第1版　　2015年8月第1次印刷
ISBN 978-7-307-14775-1　　定价:25.00元

版权所有,不得翻印;凡购我社的图书,如有质量问题,请与当地图书销售部门联系调换。

致 谢

　　此书是基于笔者在两年前的休假期所开始的研究。调查学术文献、专业资料和大众文章所需的一段专注的时间只有休假期可以提供，因此我要感谢新泽西州立大学让我的研究假期得以实现。

　　本项目中的成果非个人所得。在此要感谢新泽西州立大学及其他研究机构的同事和朋友，通过与他们的对话我得以了解近年在不同环境下的领导力问题，非常感谢他们对我的思考的贡献和对我写作此书的鼓励。

序 言

我一直被领导力的话题所吸引并逐渐意识到它是社会生活中最重要的因素之一。无论是在家庭或朋友群中做决定，在大型机构中形成书面化的评价或者策略规划过程，还是在国家或国际政治的层面上制定政策和开展外交活动，领导力都在关键的方式中起着作用。

当我们听到一个组织或机构因为其杰出贡献而受到关注时，总是发现其中很多的成就取决于领导力。领导这些团体或组织走向成功的人并不总是具有闪光或炫耀的风格。很多时候，那些发挥重要领导作用的人甚至不占据正式职位；相反，他们通过非正式的人际沟通和个人影响作出自己的贡献。我还观察到对周围人有重要影响力的领导者并不总是受到公开的尊敬和赞美；与他们的工作所引起的关注程度相比，他们的领导力所带来的好处主要是在他们创造的团队或文化，或者他们实现的结果中得以体现。并且这些好处只有在多年以后才变得明显——或者根本不被人发现。

两个寓言

我们对于领导力的理解会对人类活动产生深远影响——这些影响可能通过漫画家或喜剧演员展现出来，抑或是通过传记作家或者知名研究者展现出来。虽然我并不打算成为其中任何一种，我却希望在序言中给读者讲两个寓言故事。我认为每个故事都以讽刺的形式抓住了当代领导力理论与实践的许多具有重要意义的问题。

万能的小火车：没有说过的故事

很久以前，有一辆装满了玩具、动物、汽车、电视的小火车沿路开往城市。这是一列很长的火车，前方是发光的银色发动机，中间是几节载货车厢和一节乘客车厢，尾列是一节餐车车厢。

小火车有明亮的灯光以及铃铛和号角。在开往城市的路途上，发动机一路沿着山谷快乐地响着铃、吹着号，自豪地向每个人宣告他的存在。

一切都进行顺利，直到火车遇到了障碍——山。在火车向上爬的过程中，开始越来越慢。火车爬得越高，速度就越慢。接着火车越来越慢。

发动机向前看看，心中想着不知他自己能否完成任务。（那个年代大多数发动机是男性）他知道如果火车误点的话城市中的人们会有多么失望，他也知道车上的人们和动物依赖着强壮和坚定的自己。

他思考着当下的情况，然后开始自言自语："我知道我可以的，我知道我可以的，我知道我可以的。"他对自己说着，目光一直注视着前方的道路。他很骄傲，一直响着铃吹着号。但是火车的速度还是慢下来。

餐车车厢和乘客车厢知道这个问题的存在并决定试着唤起发动机的注意，想告诉他他们有些主意，想要帮忙。一开始发动机没有听到他们的话因为他太专注于障碍山本身了。最后，发动机听见了他们的话却不能够停下来与他们交流，于是发动机吹着号角摇着旗帜感谢他们的帮忙，然后将烟雾吹向餐车车厢和乘客车厢，自认为最好让他们保持在"黑暗"中、不知自己如何征服障碍山。

当烟雾散去后，乘客车厢和餐车车厢开始对话。他们谈论着自己能提供的帮助并产生了一些好主意。他们谈论着如何提供帮助才能让发动机接受。他们知道如果火车要越过障碍山的话必须减轻负重，所以他们决定丢掉一些额外的空箱子和不需要的东西。（这是在环保意识和回收利用产生之前的年代）另外，他们和乘客合作，让一些乘客下车跟着火车走来减轻火车的重量，另一些乘客通过推火车来助力。

突然，火车开始加速了。发动机看到情况有所改善，自我感觉不错。"我知道我可以的，我知道我可以的，我知道我可以的。"他自言自语道，然后吹着铃响着号，感到非常骄傲，因为他终于可以跨过障碍山，准时到达城市了。

当火车进站时，站台上等待的人群都在欢呼尖叫。"我们很开心你做到了！我们知道你行的。我们知道你行的。你是万能的发动机！"

记者采访了发动机，摄像师拍了照。"能告诉我们你对这次的成就感觉如何？"一位记者问道。

"它需要更多的努力、更多的承诺和更多的坚定，但这就是作为领导者的意义。"发动机回答道，闪耀着自豪的光芒。

人群欢呼着，发动机闪耀着，之后每个人都开心地回家了。

几个月之后，城中的一位作家决定写一本书来谈谈小火车的成就，于是他开始采访发动机。

发动机很和蔼，谈论到承诺、高能量的领导力以及对面前的任务毫不动摇的专注的意义。

作家试着找乘客车厢和餐车车厢来访谈，却发现他们已经离开了城镇，跟着别的火车组行驶在别的道路上。

他最终找到了他们并请他们回忆那意义重大的一天中他们的经历。"那是很特别的一天。"乘客车厢说道，他说自己学会了团队合作。餐车车厢提到了双向沟通、分享问题和分享领导力的重要性。

"那么，你们为什么离开呢？"作家问道。

"在最终的分析后，你可能会发现是烟雾的原因。"餐车车厢回答道。"发动机总是显眼的，响着铃吹着号。我们却是不显眼的、孤独的、在烟雾中的。"

乘客车厢也说道："在火车组待着也行，但我们从没感到自己是其中的一员。"

最后，两个人一起说道："如果你要写本书关于那天的事，也许你可以用'万能的小火车'这个标题，而不是'万能的发动机'。"坦白说，我们从来都不喜欢原来的那个标题！

M. Perror 的新计划

很久以前，有一位经理叫做 M. Perror。每天都有许多职员、投资商和访客来她领导的公司。

一天，两个咨询顾问来找经理，说他们是重组专家并且声称他们能设计出你想不到的最好的重组并且能改善管理的规划。他们说这个计划是最前沿的打破常规的新范例。他们解释说这个计划有个很不错的特点——这个计划在那些不适合现有职位或者眼光不够远、效率不够高的领导者看来是无法理解的。

"那将是一个最棒的计划！" M. Perror 思索着："如果我能实施咨询顾问提出的计划，我就能发现公司中哪些人不适合目前的职位，我就能区分有先见之明的高效人士和无能的人。"于是她请了咨询顾问并发邮件告知同事们这个项目和咨询团队的神奇力量。

咨询顾问们带来笔记本电脑开始工作。他们搜集了大量背景资料，进行小组调查并采访了很多人。咨询顾问有复杂的图像软件和最先进的投影设备，并且他们在电脑上一直工作到深夜。

几周过去了，经理想："我想知道他们的计划进行得如何。"想到不适合目前职位的人就不能理解这个计划，经理并不愿意亲自见咨询顾问。当然，她是自信的，没什么好担心，但是她更想要别人第一个去看看这项工作进行得如何。

"我要派我重视的副经理去见咨询顾问。"经理想。"他能最好地判断计划看起来如何，因为他有感觉，除了我之外，没人比他更了解公司的需要。"于是，副经理被派去咨询办公室看看，那里正有两个小淘气在电脑上工作。

"天啊！"副经理说。他看着文件，心里想着："我看不到任何新颖的或者打破常规的东西。这些东西就像是重新讲了一遍去年的计划，只不过用了新的术语而已。"当然他是错的，他心想。"这些是专家，经理非常信任他们的工作。会不会是我不适合目前的职位呢？如果我说从文件里看不到任何有价值的东西将对我没有任何好处。"

"难道你不想说点儿什么吗？"一个咨询顾问问道。"这很有趣——真的非常有趣！"副经理扶了扶眼镜。"真是打破常规的计划！""你会将你的观察告诉经理吧？"咨询顾问问道。"是的，我会告诉经理我被你们的工作深深打动了。"副经理回答道。

又过了几周，经理派公司的法律顾问去看看项目进行得如何，是不是快好了。法律顾问的经历和副经理一样：他看了又看。"难道这不是一个令人印象深刻的作品？"两个咨询顾问问道，然后他们展示并且解释了那个根本不存在的大胆的新计划。

"我是一个律师。当然我不是一个无能或者低效率的人！"法律顾问想。"但是肯定是我不适合目前的职位。如果是这样的话，我决不能让别人知道。"于是他表扬了这个新计划，特别欣赏计划的覆盖范围和深远的意义。"这是一个最创新的计划。"他向经理报告说。

消息传开了，不久公司里的每个人都在谈论这个不存在的计划。经理想在计划处于草稿阶段时亲自看一看。在管理团队的陪伴下（其中包括已经看过计划文件的两位同事），经理去了咨询顾问所在的办公室。咨询顾问打开电脑和最好的液晶显示器投影仪，将不是那么新颖的计划播放出来。

"难道不好吗？"副经理想着。"完全是空想。"法律顾问想着。

"您支持这个方法和方向吗？"咨询顾问指着电脑，问经理。

"这是什么？"经理心想。"我完全不懂！这和我们的老计划一样，只是用了新的术语。但是我的同事却有不同的结论。是不是我不够有预见性？是不是我不适合当公司经理？"她想了一会儿然后回答道："这确实非常有意思！打破常规且出神入化——就像你承诺的那样。我完全支持它。"

咨询顾问打印出文件，甚至做成 PDF 版本。把它们和账单一起提交上去。经理感谢了他们卓越的工作和对于公司未来的长远贡献。

* * *

诸如领导力这样有吸引力、普遍性和复杂性的话题值得我们注意。在书店里走走就会发现大量证据说明这个话题正在获得它应得的关注。领导力不仅仅是讽刺和传记的焦点，也是商业和专业领域许多新书和文章的话题。虽然不是很明显，但很多论及人生规划和人际关系的必要性，以及讨论实现这些目标的策略和技巧的文章也以领导力作为主题。

关于领导力的文献非常庞杂，有人可能会说都快被这些文献淹没了。《领导者需知必做》想从个人角度来理解这个庞大的问题。我想要设计一个框架来组织大量的关于领导力的专业文献，这能从概念上帮助我理解，也可以指导设计和评价我们正在进行的领导力发展课程和项目。① 本书的研究成果是书中呈现的框架及最终形成的领导能力记分卡,对于我个人而言极有帮助。它们对新泽西州立大学的领导力课程和项目发展及评估也很有价值。我希望读者会认为书中的观点对于他们的个人生活和职业发展都有益处。

---

① 这些课程和项目针对进行组织研究的本科生和研究生(Connaughton and Ruben 2004;Connaughton, Lawrence, and Ruben 2003),以及执行力和领导力发展项目而开发(http://www.odl.rutgers.edu/)。文献综述也在 Leadership Style Inventory (LSI): Becoming a Strategic Leader (Ruben 2006) 的项目中发挥重要作用。

目录

001	导　　论	呼唤卓越领导力
003	第 一 章	领导者需要知道的事
009	第 二 章	创建领导力记分卡
013	第 三 章	分析能力
021	第 四 章	个人能力
027	第 五 章	沟通能力
037	第 六 章	组织能力
043	第 七 章	职级胜任能力
049	第 八 章	领导能力记分卡清单
057	第 九 章	反思实践：理解⟷技能
059	第 十 章	用领导能力框架和记分卡目录来规划、发展和评估项目
061	第十一章	最后的注意事项
063	参考文献	
073	译后记	

导 论

 呼唤卓越领导力

曾经有一段时间大众对于领导的典型看法就是一位占主导地位、无所不知的人,以从上至下、个人意志控制和命令控制式的方式领导他或她的组织机构的人。

领导需要知道所有问题的答案,随时保持自信,善于转移批评和质疑,永远不放弃自己的立场和观点,特别是在公众场合。没有做好充分准备就是无能的表现,而对某个主题比下属了解得少也被认为是无能的证据。反省、犯错或者道歉都是不可原谅的缺点。

领导力:不同能力的组合

传统领导力的某些特质是值得欣赏的,在某些环境下这些特质可能甚至是必不可少的。但是近年来我们日益认识到卓越的领导力远远不止传统意义上人们的这些想法。

当代领导者们面临的挑战绝不是最少的。伴随着各种需求和观点,而资源和时间又有限的情况下,领导者如何才能成功履行他的职责呢?期待领导者知道所有问题的答案,并且在所有问题面前比起跟他汇报的人更加见多识广是实际的吗?命令控制式、自上而下的模式就是最成功的领导力标签吗?做出正确决定,表明承诺和认同,培养创造性思维,充分利用同事的资源和才能就是最有效的方法吗?如果一位领导说"我不确定"、"我不懂"、"我改变立场了"或者"我道歉"就一定是懦弱的表现吗？这些问题都是好问题，却没有简单的答案。我们渐渐意识到卓越的领导力没有单一的处方，没有一个配方能确保在不同场合和环境下成功。为了处理领导者们面临的复杂挑战，他们需要广泛的知识和技能——不同能力的组合——以及分析环境并在需要时使用某些能力的才能。

《领导者需知必做——领导力记分卡》用以描述和解释这些能力组合。前文给读者引入框架，它从很广的范围调查、总结并合成了当前关于领导力的文献。本书将这些文献划分为5个大的能力领域，每一个领域都包含许多主题，并且提供了一个领导力记分卡目录以便读者从35个关键的能力领域评估自己的领导力知识和技巧。正如后文所说，能力这个词被用来传达这种感觉，即理解和实际操作的技巧对于卓越领导力都是至关重要的；关于领导力感念的知识能启发实践，反之亦然。

此外，领导力记分卡也能作为一项有效的工具来计划、推动和实施领导力发展课程和项目，读者也会发现对能力框架的解释如何在项目中使用。因此，本书的目的是提供一个以文献为基础的框架，它总结了当前关于领导力知识和技巧的思考，而这正是当代领导者和研究领导力相关人士为解决所面对的一系列复杂挑战所必需的能力。

第一章

领导者需要知道的事

近年来,领导力已成为研究的热门话题,它成为无数的学术、职业和贸易的书籍和文章的主题。其实它是一个广泛的、多样的、有时还是压倒性的各式各样的理论、观察、断言、见解和建议的组合。

对于那些试图弄懂这些著作的人,尤其是那些寻求关于如何成为卓有成效的领导者的实际而专业的指导的人,当前的环境是一个巨大挑战。

定义领导力

即使是对当代的关于领导力作品的快速回顾也揭示了各种各样的关于领导力本质的观点。下面是一些学者回答"什么是领导力?"的答案:

- 推进社会价值(Gardner 1968)

  "作为社会道德统一的象征,领导者的目标就是让人们不再局限于他们的小事中,带领他们关注那些让社会分离的矛盾,将他们团结起来去追寻那些值得他们努力的事情。"

- "吸引人们并使事情发生"(Maxwell 1999, ix)

- 平衡价值（Barrett 1998）

  领导者致力于"发现公司利益、员工利益、当地社区利益和社会利益之间的动态平衡"（2-3）。

  "世界正在寻找一种新型的领导力——在支持社会责任，环境管理，员工满足感的文化中能够实施互利共赢的机会。"（2）

- 缩小知道和做到的距离

  "我们生活在一个知识传递和信息交换非常高效的世界里，有无数从事知识传递和信息交换的组织。因此，与利用这些知识信息的能力相比，这些公司拥有的知识倒没什么太大差别。"（领导力训练就是缩小这种能力上的差距）（Pfeffer and Sutton 2000, 243）

- 创建一个愿景并将这一愿景付诸行动（Useem 1998）

  "领导者管理梦想。所有的领导者都有能力创建一个引人注目的愿景，将人们带到一个新的境界，并且能够将这一愿景变成现实。"（Bennis 1999, 26）

- 建立社区（DePree 1999, 16）

  领导者是文化的创造者和维持者（Schein1996）。

- 通信

  "领导力首先是一个沟通的过程，或者说是一系列交流的过程。每一个领导行为都需要通过沟通得以实施。"（Witherspoon 2004, 2）

- 协作和鼓励追求互利目的（Hackman and Johnson 2000, 12）

- 创建参与的想象

  "领导力本质上是一个社会现象：没有追随者，就没有领导者。因此领导者必须建立一个追随者们能参与其中的虚拟的交流。在这种情况下，追随者的想象最为关键，因为其少数人能很好地了解他的同伴们并找出他们是否有相同之处。"(Grint 2000, 7; based on B. Anderson, *Imagined Communities: Reflections on the Origin and Spread of Nationalism* [London: Verso, 1991], 6)

- **影响个人或团体行为**

  领导力是"任何影响其他个体或群体行为的尝试"(Hersey 1984, 14)。

  领导力是"一门靠说服和举例来影响人们去完成一系列活动的艺术"(DuBrin 2004, 3)。

- **影响社区去面对它的问题（Heifetz 1994, 14; Heifetz and Linsky 2002）**

  "领导者……挑战我们去面对那些缺乏简单解决方法的问题，那些需要我们学习新方法的问题。"(Heifetz 1994, 2)

  领导力是关于适应的工作。"适应工作包括学习如何应对人们价值观的冲突，如何缩小人们所支持的价值观与他们所面对的现实之间的差距。"(22)

- **变更管理**

  领导力鼓励"改变，是为了满足需求或达到团体（工作组、商业组织、社会运动、州立法机关、军事单位、国家）的目标"(Hack-man and Johnson 2000, 11)。

  领导力"让组织准备迎接改变并帮助他们完成改变"(Kotter 2001)。

- **语言管理**

  "领导力是一种语言游戏。"语言是一种影响力工具。"领导者在管理不确定的，甚至有时是自己造成的混乱局面时，领导者不控制事件，而是去影响事件如何被看到和理解。"(Fairhurst and Sarr 1996, xi)

- **激励他人达到目标**

  领导者展示"能力来激励和激发他人实现有价值的目标"(DuBrin 2004, 3)。

- **解决问题**

公共部门的领导需要"解决高度相关的政治问题和跨组织问题,在这种情况下,权力是共享和分散的"。这还涉及集中注意力去动员"多个不同的利益相关者采取持续行动来解决达到预期的成果或结果"(Luke 1998, 5)。

"我的团队想出了一种新的解决方案,但是我们还在寻找一个跟它相适应的问题。"

- **验证价值**

"领导力能明显地激发人的潜能和价值,启发人们看到自己的能力。"(Covey 2004, 98)

关于领导力的各种观点并没有以基本定义告终。在文献中,你还会遇到因思维方式不同而存在重要区别的许多关于领导力的观点。例如,Burns(1978)等人(Bass 1990b; Bass and Avolio 1990; Luke 1998)区分了交易型领导力和变革型领导力。交易型领导力涉及领导者和追随者之间的交换(例如:工资、礼品、投票、信誉等,即可能是经济上、政治上或心理上的交换)。这种观点中,领导人提供有价值的物品,用以交换他人追随领导者的意愿和他们愿意为了达到领导的目标所付出的努力。另一方面,变革型领导力,被描述为一种环境,在这种环境中,领导创建了共享的目标感。他利用现有的动机和愿望激励他人,将注意力从狭窄的个人利益调整为与追随者共同分享利益。

很多作者也区分了通常被提到的领导力的特质、风格和权变方法。特质理论关注个体的内在能力,这基于"个体比环境更重要的假设"(Handy 1993,97)。风格理论强调个人能力和领导方法所扮演的重要角色。权变理论强调领导行为与环境配合的本质(96-115)。

文献中也经常描述领导与管理之间的差别(DuBrin 2004;Kotter 2001;Mintzberg 1973;Zaleznik 1992)。Kotter(2001,86)提出"管理是应对复杂性,相比之下,领导力则是应对变化"。Luke(1998)声称,对于理解领导力的本质,区分公共部门和私营部门是很重要的。不难发现,关于领导力的教科书通常提供这些区别的概述,并予以讨论(Komives, Lucas, and McMahon 1998, 34-47;Northouse 2004, 15-122;Witherspoon 1997)。

第二章
创建领导力记分卡

随着一系列领导力观点在智力上的碰撞,对于那些寻求领导力的综合理解或有效实践指导的人,丰富性和多样性也许不是很有帮助。

本书总结和综合了各种关于领导力的观点并通过提出一个综合的基于能力的领导力模型,从而回答了领导需要知道什么和应该做什么的问题。

为了回答这个问题,笔者大约查阅了100本与领导力相关的书籍和文章。①

对于每一份参考文献,目的是为了找出作者所描述的领导力的关键方面。总计超过400种领导力的独特方面被定义。接下来,将这些方面组织成基于描述的35个主题。反过来,这些主题又被分成五个领导技能领域。总的来说,这五个技能领域和35个主题构成了本书中的领导能力记分卡。五个技能领域如下所列,如图1所示:

---

① 资料的查阅集中于与领导力相关的学术文献和专业书籍与文章,除了传记和学术研究的文章。

1. 分析能力
2. 个人能力
3. 沟通能力
4. 组织能力
5. 职级胜任能力

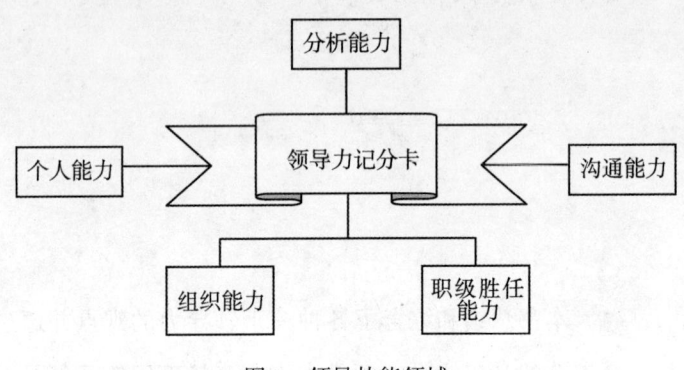

图 1　领导技能领域

图 2 显示了能力领域的概况及其定义的主题。领导力的各种能力、主题、来源和组成方面将在之后的章节详细讨论。

上述的讨论之后，领导能力记分卡清单（LCSI）可以供你评估自己的领导力优势和需要改进的领域。正如之后所详细解释的那样，LCSI 还会被应用于规划或评估领导力发展研讨会、课程或项目。

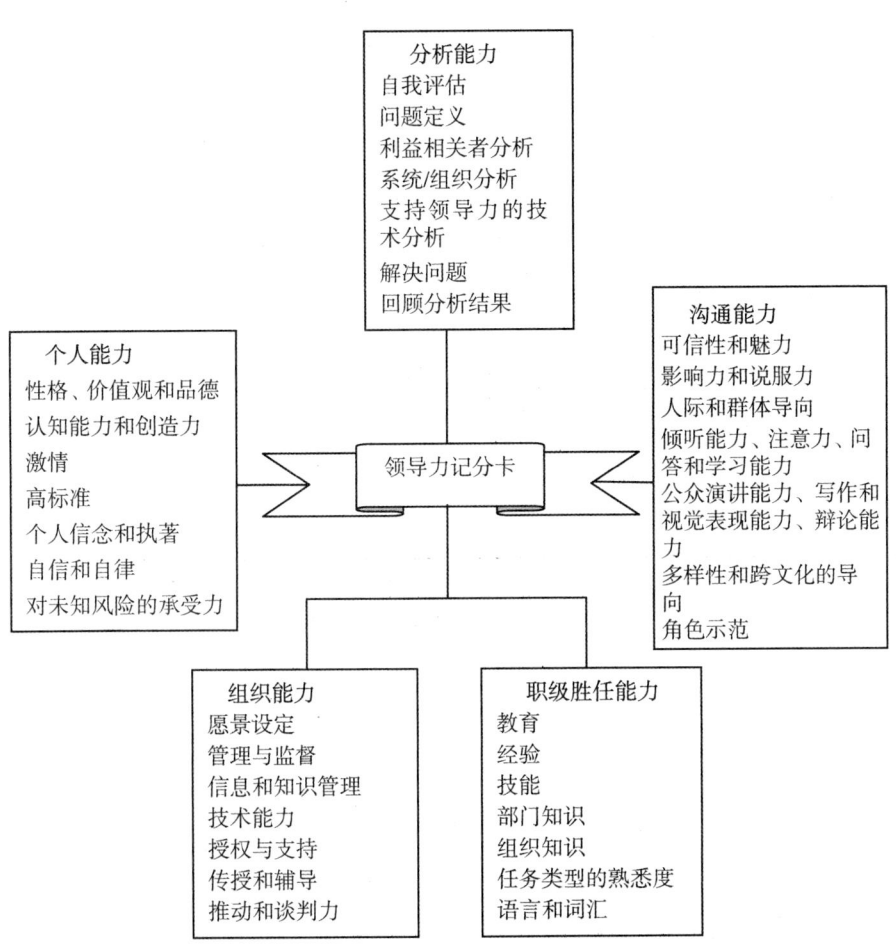

图2 五个技能领域的领导力主题

第三章

✓ 分析能力

虽然没那么明显，但分析能力是领导力的一个重要方面。分析能力是指认清自我、分析现状和问题、考虑可替换的领导方针、选择有效策略、解决问题并评估结果的知识和技能。

在我们采用的领导力记分卡中，此项领导力包括了如下几个主题：自我评估、问题定义、利益相关者分析、系统/组织分析、支持领导力的技术分析、解决问题，以及回顾分析结果。每一项主题都是通往成功的重要方面。

分析能力

- ✓ 自我评估
- ✓ 问题定义
- ✓ 利益相关者分析
- ✓ 系统/组织分析
- ✓ 支持领导力的技术分析
- ✓ 解决问题
- ✓ 回顾分析结果

自我评估

自我评估是指领导需要了解自己，知道自己是谁，认识自己的长处和个人的弱点，并认清自己的动机，目标和相应的反应。许多作者在谈论自我认识和自我意识的需要时都提到这样的能力（Benton 1998；Benfari 1999；Bennis and Nanus 1985；Goleman 1998；Kornives, Lucas, and McMahon 1998, 108-134；Mintzberg 1990；Useem 1998, 266；Kouzes and Posner 1995, xxi）。

还有学者认为这种能力包括认识自己（Maxwell 1999；Useem 1998, 266），并注意利用对自己的认识来指导自己的领导力（Noyes2001）。Maxwell（1999, 47）谈到需要"听从你的直觉"。

除此之外，自我意识能够增强自我驱动、自我发展的能力（Kouzes and Posner 1995, 336-340），并可能吸纳能够弥补领导者弱点缺陷的同事来共同工作（Maxwell 1999, 56）。

问题定义

总体而言，问题定义是指需要领导者善于发现问题或挑战的本质。看待问题的角度可以有很多，在群体中面对问题时自己的观点总是会和其他许多观点发生冲突。领导者的一个关键能力就是认识、理解并对不同的观点进行排序（Bolman and Deal, 1997；Luke 1998, 226-227），并通过探究原因和分析现象，来明确关键问题（Sorcher and Brant 2002）。解决问题一个最基本的方面就像是 Tichy 所说的理清楚最接近现实最精确的观点："认清现象的本来面目，而不是它曾经是什么样子或者可能是什么样子。"（1997, 28）

定义问题的有效方法包括如何构建及重构问题（Luke 1998, 63）。在定义一个领导管理问题时，关键在于能够区分出哪些问题已经成功建模能够继续推进，哪些问题是复杂的、开放的还未建模的（Handy 1993, 110）。接下来相关的就是领导者必须有能力区分出哪些是 Heifetz（1994）提到的"技术性"问题，哪些是"待适应"问题。技术性问题是指那些能够用现有的方法或流程解决的问题。相反的，待适应问题涉及"现状和环境之间的差距"这类情况，就需要创新，改变和学习（35）。

此外，问题定义需要一个领导者善于明确在特定情况下的特定需求。这意味着领导者能够明确完成任务需要解决的最主要问题，明确它涉及的人际关系和团体维护事务，明确解决根本问题的日程表（Adair 1983），明确涉及的文化问题，等等（Hofstede 1993；Schein 1992）。

利益相关者分析

利益相关是指个人、团体、组织或社区都可能会影响到领导者的决策或行动，或者受其影响（Ruben 2005b）。利益相关者分析，涉及领导人必须擅长判断和评估出任何情况下的利益相关者，并且知道经常发生在这些群体之中的"波纹效应"（Luke 1998，70-72）。

特别是在公共部分，Luke 指出仔细评估利益相关者和他称为"知情相关者"的相关人士是必不可少的，为了对各个团队交错复杂的利益和需求有明确的了解和适当的满足，并充分利用这些相关的知情者（1998，70-72），他同时也强调了必须考虑每个公共问题的"多重利益相关者的参与"（13）。应该采用合适的方法让每个团队的利益相关者和知情相关者进行沟通，参与事务（Reeves 20023，153-249；Ruben 2004，31-63；2005b，33-38）。

系统/组织分析

系统和组织思维是指把握图景的能力，能够理解部分、整体及其之间的连接（Bolman and Deal 1997；Komives, Lucas, and McMahon 1998，51-53）。Handy 将这种能力描述为"直升机因素——能够超越环境中的细节并感知它与整体环境的关系"（Handy 1993，99）。

正如许多作者所描述的，系统/组织分析是由以下组成："协调环境，感知需求与机会"（Kanter 2001，258-261）；看到更大的图景（DuBrin 2004，53；Maxwell 1999，47）；广泛理解组织结构和动态（Komives, Lucas, and McMahon 1998，198-225；Senge 1990；Wheatley 1999）；理解框架和框架构成（Bolman and Deal 1997），以及理解相关的文化问题（Hofstede 1993）。

Heifetz 用一个例子很好地阐释了系统思维对领导力的重要性。"当一辆车在早上未能启动时，机械师很少将问题锁定在钥匙开关本身，而是认定问题出在几英尺外的电池、启动器、电气连接或交流发电机。"（1994，3）

系统思维对概念化的问题、情况以及领导者构成的心智模式是必不可少的（Luke 1998）。那些心智模式"是熟悉的事实、想法、概念与具体而简化的因果关系的网络"(12)。

"为了去理解复杂、纠结的问题，个体会发展并执行一种包括了问题是什么，是什么导致了它，以及如何解决它的'心智模式'或内化图片。"(12)

从操作的角度看，系统分析应包括在整个组织中领导者权力职级的考虑、组织规范、组织结构和技术、各种不同的任务以及下属的数量和种类（Handy 1993，112）。

支持领导力的技术分析

十年甚至二十年前，在讨论领导者应该知道什么的论坛上，你可能会发现不会有那么多关于技术角色的讨论。但是事情已经发生了变化。在组织和组织机构中，通信和信息技术扮演了越来越重要的角色。对于领导者来说，理解能够支持他们工作力度的潜在技术效用是至关重要的。一种在这方面更基本的领导能力就是，评估一个团体或组织中的地理因素并选择适当的技术（Luke 1998，9）。

"我们不需要担心信息安全或消息加密。我们不可能把大多数通信放在第一位去理解。"

现今的领导者需要了解"电子文化"的恰当用法："万维网既是一个新的组织文化的刺激物（使组织文化成为必要存在），也是组织文化的推进力量（使组织文化的存在成为可能）"（Kanter 2001, 6）。

领导者从恰当利用虚拟团队的知识中受益匪浅（Majchrzak et al. 2004），领导者也需要熟悉可用的通信和信息技术，每个属性和潜在的责任。因为它们可能会被用于组织和领导事业（Connaughton and Ruben 2004; Connaughton and Daly 2003; 2004）。

解决问题

在关于领导力的文献中，解决问题是一个备受关注的能力领域。这个领域的能力包括：计划、发现问题的根源、回顾过去的情况、学习别人如何思考、评估选择、确定工作重点和采取适当的行动或反应（DuBrin 2004; Kouzes and Posner 1995, 173-174; Maxwell 1999; Reeves 2002a, 99-111; Tichy 1997, 32; Tromp and Ruben 2004）。评估特定决策的潜在收益和损耗也是相关能力（DuBrin 2004; Kouzes and Posner 1995, 172-173）。运用SWOT分析，明确优势、劣势、机会和威胁（DuBrin 2004, 407-409）并确定行动的最佳时间（Goodwin 1999, 34; Kouzes and Posner 1996, 101-102）。

在讨论解决问题时，一些作者谈到他们所谓的内容分析的重要性（Bennis 1989, 13-37; Fairhurst and Sarr 1996, 82）。如前所述，内容分析包括：决定谁来参与，各方的利益是什么，行动的可能性是什么，领导人的限制是什么，在哪儿存在理解差异，领导者什么时候干预最好，为什么人们这样回应，为什么一个新框架或方法是必要的，以及如何建立一个新框架（Fairhurst and Sarr 1996, 82）。

Luke（1998）确定了使领导在公共部门解决问题时复杂化的若干因素。它们是：问题跨越了传统的界限，因此需要跨界思维；问题是社会建构的，一般对于问题的本质定义没有共识；通常没有最优的解决方案，也没有快速修复或简单的补救措施。从 Luke 的角度来看，大部分公共组织的独特性是由于这样的事实，"解决（发生在公共部门的）问题时，面临着高度相关的政治和跨组织环境，在这种情况下，权力是共享和分散的"（5）。

实际上，选择一个适当的决策风格和策略是解决问题的一个比较关键的方面（DuBrin 2004; Fiedler 1967; Hersey and Blanchard 1979; Vroom and Yetton 1973）。基于当前状况，一个领导者需要决定是否：

- 利用已有信息解决问题或自己做出决策
- 从下属那里获取必要的信息，然后自己决定解决方案
- 分别和相关下属共享问题，得到他们的想法和建议，然后自己做出决定
- 与下属以团体的形式共享问题，然后自己做决定
- 与下属以团体的形式共享问题，然后共同做出这个决定（Vroom and Yetton 1973）

同样，DuBrin（2004，148-149）列出了以下解决问题的选项：
- 自己决定
- 咨询（个人）
- 咨询（团体）
- 促进
- 委派

"我希望你更加自主，显示更多的主动性，并承担更大的个人责任——但是首先要与我商议！"

最后，在选择时区分以下情况是重要的，有些情况下某人有权力"使事情发生"，而其他情况下必须依靠非正式和间接的影响策略（Heifetz 1994，35）。

回顾分析结果

在许多情形下，对于领导者来说从过去中分析和学习的能力是一项很重要的技能。DePree（1993，30）谈到，就分析与回顾结果而言，其目的是为了比较某人的计划和结果，评估对关键公众的行为影响，更确切地说，评估约定和促销的结果。

就实际情况而言，审查和分析结果假设了一个领导者致力于寻找、征求、接受反馈和关于领导者自身或组织绩效的批评（Maxwell 1999，129）。它还假定领导者有足够数量和质量的与绩效有关的信息。而这反过来又意味着，领导者应该促进以信息和反馈系统为基础的成果的创建和实施（Kaplan and Norton 1996；2001；Luke 1998，139；Ruben 2004；2005；Trump and Ruben 2004）。如果没有系统的方法去采集组织内的成果和成就的数据，任何的回顾和分析结果的价值充其量都是有限的。

第四章
个人能力

在关于领导力的传统讨论与著作中,个人能力是最常被提及的。这种能力包括性格、价值观和品德,认知能力和创造力,激情,高标准,个人信念和执著,自信和自律,对未知风险的承受力。

个人能力

- ✓ 性格、价值观和品德
- ✓ 认知能力和创造力
- ✓ 激情
- ✓ 高标准
- ✓ 个人信念和执著
- ✓ 自信和自律
- ✓ 对未知风险的承受力

性格、价值观和品德

许多权威人士认为衡量一个人领导能力的重要标准是其性格、价值观和品德。这种性格、价值观和品德是在实践中不断形成的。Maxwell 认为性格即机遇,领导者的某些行为透露出他的价值观和信仰(DePree 1993,3)。"我们无法控制生活中的一些事(如家庭、出生、能力、智商等)。"但是我们可以重塑自己的性格。每当我们面临选择时我们也在重塑自己的性格（Maxwell 1999，5）。Maxwell 进而提出"若领导者的性格有缺陷，被领导者不会信任他，继而放弃他"的观点（5）。

"道德引导也很重要（Komives，Lucas and McMahon 1993；Luke 1998，236-239；Northouse 2004，301-327）。领导力是关乎做哪种人而非怎么做的学问"（Hasselbein 1999，vii）。Hackman 和 Johnson 认为，领导者必须成功战胜一系列与诚实、责任、能力、忠诚相关的道德考验（2000，x）。

许多学者也认为正直与诚实是一个领导者的重要品质（Drucker 1999，5；Sorcher and Brant 2002；Handy 1993，99；Kirkpatrick and Locke 1991；Komives，Lucas and McMahon 1998，247-273）。Luck 主要研究的是"个人正直典范"（1998，228-236），DePree（1993），认为正直品质高于一切。Pfeffer 和 Sutton 讨论的则是关于"用不妥协的正直品质引领企业"的议题（2000，75）。

"我试着对自己的事业投入热情，
但是我的事业只想跟我成为好朋友。"

在当代文学作品中关注较多的另一个话题是人的可靠性（Bennis and Nanus 1985；DePree 1993，159；DuBrin 2004，33）。一些作者解释道："恐惧和不信任破坏了组织的整体表现（Pfeffer and Sutton 2000，109），首先要把这种恐惧驱除。"（130）

体现领导能力的另一个重要品质是谦逊（Badaracco 2001；Collins

2001；DuBrin 2004，33；McGarvey 2004）。据 Collins 所说，组织的领导最终要落到改善整个领导集体而非只是领导个人。这种领导者往往是"低调、安静、稳重，甚至是羞涩的"（14）。

文学作品中提到的其他领袖品质包括信任他人（Bennis 1989，202；Kouzes and Posner 1996，106-107）；独立性（Kelleher 1999，43）；勇气（Handy 1993，99；DuBrin 2004，43；Useem 1998）；公平（DePree 1993，11；Reeves 2002b，[2002a or 2002b] 16-18）；在个人时间、能力、财产方面的慷慨（Maxwell 1999；McGarvey 2004）；责任感和可靠性（Stogdill 1948）；幽默感（DuBrin 2004，33）。Prince（1998）认为领导能力包含着品德的健全，Hewertson（2002）、McGarvey（2004）和 Tichy（1997）则强调了价值观导向的重要性。

对于领导者来说，服务社会公众的责任感也是重要的（Komives，Lucas, and McMahon 1998，15）。Greenleaf（1977，2002）所谓的"服务型领导"指的是一种服务、帮助他人的承诺，这是一种重要的领导品质（Spears and Lawrence 2002；Bennis 2002；Covey 2002；DePree 2002）。Heifetz 主张领导者应致力于社会的责任感成效，即"通过设定符合领导者与被领导者的目标最终有益于社会"（1994，20）。关于领导力的另外两个重要品质为具备较高的品德（Fullan 2001；DuBrin 2004；Reeves，2002b），和对他人的自发的关心（Luke 1998，227-228）。DuBrin（2004）特别关注品德引导的重要性，他认为品德引导具体由五种行为组成：（1）诚实、可靠、正直地对待他人；（2）关注所有利益相关者；（3）社区建设；（4）尊重个人；（5）取得胜利时保持谦逊、稳重。

Kellerman（2004）表达了相对不同的观点。他根本不把领导力视为一种道德观念，认为一个人可以从"坏榜样"中学到同样多的领导力知识。Kellerman 认为，领导者和我们普通人一样——并不是在任何情况下都是完美的、真诚的、道德的。

认知能力和创造力

当谈及有效的领导，一个人的知识水平，不管是其智力还是认知能力通常都会被考虑（Stogdill 1948）。近年来，许多学者仍坚持认为认知能力是重要的，但他们使用更具包容性的语言来描述这种认知能力（Handy

1993；Kirkpatrick and Locke 1991）。例如，Handy 认为领导者应"高于平均水平但非天才"（1993，98）。Bennis（1989，202）更是指出领导者只需具备基础的教育水平。

许多学者关注领导者需求以提高他们的创造力、想象力（Bennis 1989，202；DuBrin 2004，15，332-336；Handy 1993，99；Kirkpatrick and Locke 1991）。他们视创造力为创新和灵感产生的关键，这种创造力即 Kanter 所说的"万花筒思维"（2001，261-264）。

激情

毋庸置疑，领导需要有激情（DuBrin 2004，33；Bennis 1989，202；Handy 1993，99）。当需要构思一个新项目、新想法、新目标时，激情就显得尤为重要。Luke（1998，223-224）认为，对结果的热衷往往是领导者的优点。

Maxwell 更通俗地告知我们"态度是一种选择，你的态度决定了你的行为"（1999，91）。当 Benton（1998，117-132）谈及他的"态度管理"的重要性时也提出了类似的观点。众多学者在以他们自己的方式关注着领导者投入工作的热情、能力的多少是否会影响其所做出的意识抉择。他们提醒我们这些抉择常常对领导者的效率产生重大影响。

"这个灯是在提醒你，你的电量很低了。而这个灯则是提醒你，你的对话非常沉闷。"

高标准

许多学者都认为领导者有必要为自己和他人重视、建立、维持和展示高标准（Bennis 1989，202；Drucker 1999，4-5；Handy 1993，119；Kouzes and Posner 1995；Useem 1998，266）。事实上，Reeves（2002b，5）指出建立和维持自己设立的标准是领导能力的关键。

个人信念和执著

在很大程度上，个人信念和执著是成功领导者的重要素质（Kouzes and Posner 1995，139）。Ethix 公司的董事长兼 CEO Stephen Gregg 强调了："民众并不跟随不守承诺的领导。这种承诺表现在包括工作时间的平衡、通过工作来提升能力、对同事的付出等一系列事情上。"（Maxwell 1999，15）

许多学者也特别谈论到坚持的价值——一种坚守目标的品质（Bennis 1982；Heifetz 1994，275-279；Kanter 2001，274-279；Stogdill 1948；Kirkpatrick and Locke 1991），并在个人追求上保持坚韧、坚定的信念（Useem 1998，266）。

自信和自律

好的领导需要纪律规范（Kouzes and Posner 1995，76-77）。Maxwell 建议领导者养成一种有纪律的生活方式，以此为目标（Maxwell 1999，128），并要每天努力达成这个特定目标。同样的，DuBrin（2004，19）提倡一种较高的工作品质。自律对控制自己的情感和行为来说也是重要的——这也是 Goleman（1998）和其他人所认为的提高情商的关键因素。

在很多情况下，学者把自信视为成功领导者的基础（Bennis，1985；DuBrin 2004，33；Handy 1993，99，119；Kirkpatrick and Locke 1991；Noyes 2001）。

对未知风险的承受力

有些文献将抗压力、应变力、容忍度视为现今环境下成功领导者的品质（Bennis 1989，143-145；DuBrin 2004，33；Handy 1993，109，119；

Heifetz and Linsky 2002, 9-48; Kanter 2001, 6, 255-284; Komives, Lucas and McMahon 1998, 48-49; Kouzes and Posner 1995, 51; Tichy 1997, 20; Wheatley 1999)。毫无疑问，各个部门的领导者正面临着复杂而快速的变化。在面对这些不确定性和高速变化的同时，镇静、灵活、适用性、危机管理的能力都将变得难能可贵（Crutcher 2004; DuBrin 2004, 15; Handy 1993, 109; DuBrin 2004, 43, 156-158; Fullan 2001; Kirkpatrick and Locke 1991)。

领导力变革和变革的效率也被视为领导者的重要能力（Conger and Benjamin 1999; Conger, spreitzer and Lawler 1999; Kanter 2001, 6, 229-253; Kouzes and Posner 1995, 51; Komives, Lucas and McMahon 1998, 7-8; Pfeffer and Sutton 2000; Reeves 2002a, 21-47)。变革管理的一个重要方面是建立一种对变革的强烈的组织认同感，特别是当领导者的个人权威已不能促成某些预定的行为（Senge 1996)。

第五章
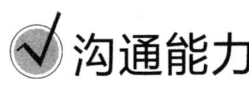沟通能力

我们在谈论领导能力时常常会关注领导的沟通能力,许多学者视沟通能力为领导能力的基础。(Witherspoon 2004, 2; Bennis and Nanus, 1985)

沟通能力

- ✓ 可信性和魅力
- ✓ 影响力和说服力
- ✓ 人际和群体导向
- ✓ 倾听能力、注意力、问答和学习能力
- ✓ 公众演讲能力、写作和视觉表现能力、辩论能力
- ✓ 多样性和跨文化的导向
- ✓ 角色示范

Witherspoon 坚持认为"领导的过程首先是一个交流的过程"(2004, 2)。"每一个领导行为都是在交流中促成的。"(2) Goodwin 也同样把语言视为领导者最有力的工具(1999, 35)。

关于领导交流能力的主题是:可信性和魅力,影响力和说服力,人际和群体导向,倾听能力、注意力、问答和学习能力,公众演讲能力、写作和视觉表现能力、辩论能力,多

样性和跨文化的导向，角色示范。

可信性和魅力

领导者的技能和理解力将对其可信性和魅力发挥重要作用。可靠性通常被描述为一个人的影响力（Hackman and Johnson 2000，162；Kirkpatrick and Locke 1991；Kouzes and Posner 1995）。是什么因素让人看起来可信？Brumbeck 和 Howell（1976）说是能力、可靠性和生命力。

一个令人满意的领导者必是有魅力的，尽管如此，对魅力这个词的定义仍不太明确。通常认为，有魅力的领导是有预见性的，有活力的，懂得授权的（Nadler and Tishman 1990）。或者说，魅力意味着一种精神上的，能吸引人的品质。从交流的角度考虑魅力，明晰而精准地表达能使领导者的观点更好地被交流对象所吸收。仍从交流的角度出发，我们把非凡的领导魅力视为领导者与被领导者间关系特征的显现，而不仅仅是一个人固有的、精神上的、神秘的属性（DuBrin 2004，65-79）。Maxwell 引用了 Dan Reiling（INJOY 领导力发展规划部门副主席）的例子，Dan Reiling 对于如何成为魅力型领袖提出了相关建议："要更多地让被领导者感觉到他们自身的价值而非领导者个人价值的彰显。"（Maxwell 1999，8）

具备可信性和魅力的领导是令人钦佩的。Kouzes 和 Posner 认为是否令人钦佩从某种程度上体现着领导能力的高下，这种令人钦佩的领导必然具备以下品质：诚实、前瞻性、鼓舞人心、有能力、公平、乐于助人和心胸开阔（1995，21）。

影响力和说服力

影响力和说服力是关乎领导交流的最基本的能力（Tichy 1997，36-37；Useem 1998，266）。从本质上说来，它包括激励、指引、管理、建立关系和（或）获得别人的承诺，所以它经常会引起某些改变（Conger and Benjamin 1999，251；Goodwin 1999；Komives, Lucas, and McMahon 1998，227-245；Maxwell 1999；Reeves 2002a，21-47）。

每个人至少在某一方面是有影响力的，因为他们所处的地位——他们的工作和扮演的角色使其更易影响他人（Handy 1993，124-131；DuBrin 2004，194）。与地位影响力最相关的因素是权威性。Heifetz 把权威视为是

"授权式服务"(1994,57)。从领导交流的角度说来,身居权威要职是十分有益的。权威的这种益处体现在:(1)为内在的压力提供外在环境支持;(2)控制和指引注意力;(3)提供信息渠道;(4)控制信息流动;(5)限制议题框架;(6)容许他人协调矛盾;(7)授权他人选择自身决策进程(103-104)。

"我们来开个会,确定一个专案组,发展一个能找到快速解决方法的团队。"

大多数情况下,即使某个人不处在特定的工作和角色,他(她)还是有较多的机会影响他人(DuBrin 2004,194)。所以领导者应努力在有相应职务或没有相应职务时都能有效地处理问题。在这种情况下,个人交流能力显得尤为重要。Heifetz(1994,188)认为不凭借权威的领导在影响力方面仍有其优势。在这种情况下,个人更容易摆脱权威决策规范的束缚(例如,个人尽可以问些扯不上边的问题,因为他没有使问题顺利进行的义务)。那些不在权威岗位上的领导者也就不被要求作为正式的领导者去满足不同选民的期待。该领导者可以关注一个问题,或选择识别一些,而不一定满足所有利益相关者的诉求(188)。

Yukl 和 Tracey(1992,525-535)列举出诸多能影响他人的选项:包括物质影响力、资源影响力(拥有较多有价值的资源)、地位影响力、角色影响力(对信息的控制,使用与组织的权力)、技能影响力、被认可的专业知识和个人能力(个性,知名度,吸引力)(DuBrin 2004,247-250)。Kipnis et al.(1984)提供了一个相对不同的关于影响力的清单:理性、友好、建立联盟、谈判力、魄力、对更高权威的诉求。

影响说服力和影响力的另一个因素是印象管理,即努力提升他人对自身的认知——Benton（1998，133-156）称之为"认知管理"。印象管理是基于 Erving Goffman 在 1959 年的工作：每天的自我呈现（Hackman and Johnson 2000，24-25）。据 Goffman 所说,领导者参与印象管理来维系他们的领导地位以达到他们的领导目标。同样的观念被应用于军事领导,印象管理在其中被称为指令的优化（Keegan 1987）。以上参照 Hackman 和 Johnson 的评论（2000，25）。

语言的使用在说服力和影响力的提高中扮演着重要作用。领导者的语言可以为倾听者描述其想象中的现实,这种每个人特有的实现信息组织、传递的方式被称为框架（Bolman and Deal 1997；Fairhurst and Sarr 1996）。能力较强的领导者精于用语言来"动员公众采取行动",想方设法适应环境以克服障碍（Pfeffer and Sutton 2000，65-66）。除了对语言的管理,高效的领导者也擅长用自己特有的形象、习惯来影响被领导者的态度和行为以达成自己的目标（Hackman and Johnson 2000，27；Kouzes and Posner 1995，228-229）。

评论说服力和影响力是困难的,因为它们与领导力相关,而不仅仅是"政治"话题。毋庸置疑,政治策略、政治敏感与悟性（DuBrin 2004，15）或 Morrison（1992）所谓的"组织中的智慧"对于领导者来说是极其重要的。

许多学者一般会关注策略性影响力的重要性。DuBrin（2004，213-215）列出了以下关于政策和集权的领导战略：延伸权力触角；掌控重要信息；控制交流主题；引进外来资源；快速获得成效并回报每一个人。其他能提高影响力的交流策略包括：侧重问题引导而非答案；积极参与对话与讨论,而非被迫；详尽剖析而不责怪；建立警戒机制（前期预警/信息系统）（Collins 2001，74-78）。

当谈及成功公众领导者的基本素质,Luke 列举出以下基本要素（1998，147）：

- 践行承诺和政治拥护
  多重支持
  依仗权力获得支持

选举优势
　　资源优势
- 使合作行为制度化
　　行为媒介
　　自组织团体
　　基于结果的信息系统
- 促进联络
　　关注预期结果
　　发展关系，培养信任
　　从每一小阶段的胜利中获得激励
　　不断学习
　　回顾前期任务

　　强大的人际脉络是提高领导效率的重要因素。DuBrin 建议领导者尝试以下可以强化人际脉络的事：表露忠心，印象管理，询问那些满意自己工作的人并给自己的监管人以认可，谦恭、积极、平易近人，虚心求教，感恩大众，极力称赞他人的成就（2004，215-218）。领导者能使用这些看起来纯粹的毫无私心的策略以改善人际关系并更大程度地提高自身的说服力和影响力。

"我的团队在盒子的问题上有分歧。我们不能在盒子的大小、构成材料、合理预算以及首选供应商上达成一致。"

许多学者提供了有价值的警告：领导影响力的形成和维持并不仅仅取决于领导者做了什么，也取决于他出于谨慎而决定不做什么。该建议在本质上可用来规避政治风险（DuBrin 2004，218-219）。特别是可以避免批评公众监管员；避免漠视相关监管者；避免不止一次地错误拒绝上层的指示（例如一次升职或特定任务）；避免显露笨拙。但有时一些有智识的人会故意露拙，我们疑惑于这种概率发生的次数，但大多情况下该建议指出的要机智地说服他人这一点仍是有用的。

人际和群体导向

双人或团体交流的能力对于领导者来说是必要的（Conger and Benjamin 1999，250；Kouzes and Posner 1995，142；Fullan 2001；Goleman 1998；Maxwell 1999；Noyes 2001；Roser，Johnsrud and Heck 2003）。简单说来，人际和群体导向代表了一个人与他人交互的方式（Komives，Lucas and McMahon 1998，165-174；Maxwell 1999）。

这些能力可以促成许多目标的实现，这些目标包括鼓励有辨识力的表达（DePree 1993，106）；真诚分享他人的观点（141）；在与同事的共事中建立互利（Hackman and Johnson 2000）；通过赞助支持者以建立联系（Kanter 2001，267-272；Maxwell 1999，11；McGarvey 2004）；缓和自己与相关同事的关系（Reeves 2002b，59，71-72）。

人际或团体交流中的许多方面是值得我们关注的，这包括自信（DuBrin 2004，33）、团队建设（Kanter 2001，272-274）、协调性、合作性和参与性（Crutcher 2004；Kouzes and Posner 1995，151-157）、博得尊敬（Drucker 1999，6）、包容性、信任的建立（Goodwin 1999，35；Handy 1993，109；Kouzes and Posner 1995，163-167）、社会技能和关系的建立（Kornives，Lucas and McMahon 1998，20-22，68-102）、非语言的觉察（DuBrin 2004，373-374；Goleman 1998；Maxwell 1999，14）、观点转换（Goleman 1998；Hackman and Johnson 2000，182-183；McGarvey 2004），最后是矛盾管理（DuBrin 2004，387-392）。

倾听能力、注意力、问答和学习能力

特别是近几年来，越来越多的领导者觉察到必须倾注与分享信息同样多的时间于搜集信息。为了达成此目标，倾听显得尤为重要。Maxwell（1999）给领导者提供了如下建议：把时间用来倾听，把自己的时间安排在倾听自己的同事、消费者、竞争者和指导者身上。

倾听也是主动学习的根基（Crutcher 2004；Kornives, Lucas and McMalaon 1998, 18-20；Kouzes and Posner 1995, 146-147, 168-169；Luke 1998, 95-96, 137-138；Reeves 2002b, 75-78）。正如Tichy所说："领导者必须成为贪婪的学习者。他们从历史总结经验并为未来赢得契机。"（1997，23）

Maxwell提出："为了维持领导力，坚持学习吧！"（1991，141）此外，很讽刺的是，不好学的人往往也会取得相应成就。对于学习来说，"克服过去的成就"是重要的。Maxwell在与领导者交流时建议他们"今天，甚至每一天都要学习新的知识"。通过技巧性的问答，倾听能力和学习能力都将得到较大提升（Fine, 2005；Fontana, 1990；Hargie, Saunders and Dickson, 1994；Maggio, 2005；Patterson and others, 2002；Young, 1999）。

公众演讲能力、写作和视觉表现能力、辩论能力

公众演讲能力、写作和视觉表现能力、辩论能力对于领导者来说是基本的交流能力。正如Gilbert Amelio所言："如果一位领导者不能明确自己所获信息并促成他人实践，那这条信息将变得毫无用处。"（Maxwell 1999，23）领导者必须成为公众的代言人和高效的公众演说家（DuBrin 2004，14，364-373；Hackman and Johnson 2000；Sorcher and Brant 2002）。

用文字和视觉方式技巧性地，连贯性地呈现自己的观点对于领导者来说是一项基本技能（Fairhurst and Sarr 1996；Kouzes and Posner 1995；Connaughton and Ruben 2004）。通过这种呈现，领导者提高了公众对需改进问题的认知（Luke 1998，95），在此进程中公众也能认知到该领导者的能力。

"领导者在交流中必须充分利用语言的力量，在演说中他们用比喻和数字举例法；他们举出案例，大谈相关奇闻和故事，绘制文字图片，提供引证并打出标语。"（Kouzes and Posner 1995，134）在最基本的层面上，表述能力包括那些基本的诸如拼写、语法、分类能力，其表述也必须是明晰的、有组织性的并适合听众的（Connaughton and Ruben 2004；Ruben and

Stewart，2005）。在更一般的层面上，实用性的建议包括：清晰地表达自己（Useem 1998，266）；简化自己的表述，避免繁杂艰涩（Pfeffer and Sutton 2000，51-54）；"简化自己传达的信息，眼观听众，直达事实，寻求互动"（Maxwell 1999，26-27）。

从非技术层面来说，辩论能力是指一个人高效地讨论问题进而提出自己观点的能力。若要提升这方面的交流能力，领导者需要精于倾听和理解不同阶层的观点。此外他也必须更高效地说服他人，与此同时顾及另一些不同的观点。

多样性和跨文化的导向

对多样性的管理是领导者必须具备的素质（Hackman and Johnson 2000，x），而对多样化议题的敏感度在将来也会越显重要（Conger and Benjamin 1999）。

Prentice（2004）简单陈述了此种挑战：人是复杂的，每个人都是不同的。因此领导者必须懂得欣赏他人，这也需要某种智识和技能，进而该领导才能与各类同事高效共事。DePree 认为"现代企业组织是不可能发挥它最大潜能的——除非让领导者忍受每一不同个体的差异"（1993，156-157）。若要在这方面获得成功，领导者需要跨文化的视野和国际敏感性（DuBrin 2004，429-452；Hofstecle 1993），并具备克服文化障碍的能力（DuBrin 2004，379-385）。同样重要的是，领导者需对因性别、年龄、生活方式等差异而产生的议题保持敏感（Morrison 1992）。

角色示范

从本质上来说，角色示范包括把自己的想象转化为行动（Tichy 1997，23）。Kouzes 和 Posner（1995）把它描述为以身作则。

正如 DePree 所说，"组织希望领导者用文字和行为来定义和表达制度内的信仰和价值观"（1993，26）。毫无疑问这是一种重要的领导能力，因为领导者如果不能"实践其所说"或"失信于他所宣扬的"，这种视觉或价值观的累赘很可能会被其同事所诟病。

"作为被追随者的领袖，领导者需要去实践更高的目标。"（Luke 1998，26）角色示范中显露的一个相对比较重要的特性是对行为的关注。正如

Pfeffer 和 Sutton（2000）所主张的：言论并不与行动相当。在把理论应用于实践的过程中遇到的主要障碍是一种把言论等同于行动的趋势。当谈论应该做什么时，记录下组织当实施的计划，并收集和分析数据以辅助决策实施是重要的，这些行为能指导和促成实践。事实上，我们在行动之前经常会以各种言辞激励，但是仅仅谈论应当做什么仍是不够的。某些事必须被完成，某些人必须完成某些事（29）。把理论转化为实践是一种重要的领导能力。

实际上，角色示范应当是：有能力地、每天露面地兑现不断完善的承诺、实现高于预期的目标（Maxwell 1999, 33-34），证明领导力共享的价值（Pearce and Conger 2003）。从根本上说，角色示范就是通过行为发现和强调核心价值观。（Collins and Porras 1997）。"你去世后的遗产只能是你所生活过的生活。"（Kouzes 和 Posner 1996, 106-107）

第六章
组织能力

许多学者认为组织知识和技能在成功领导者的能力组合中扮演着重要角色。该能力范畴的重要主题是愿景设定、管理与监督、信息和知识管理、技术能力、授权与支持、传授和辅导、推动和谈判力。

组织能力

- ✓ 愿景设定
- ✓ 管理与监督
- ✓ 信息和知识管理
- ✓ 技术能力
- ✓ 授权与支持
- ✓ 传授和辅导
- ✓ 推动和谈判力

愿景设定

鉴于共同的引人注目并鼓舞人心的愿景的重要性，学者一般会把团体或组织的明确结合视为良好领导力的基础。

愿景设定的目标会激励领导者和被领导者，给他们以"希望"（Maxwell 1999，11）。领导高手深谙共同愿景的重要性，他们精通于创建一个引人注目的，易鼓动人的愿景

(Bennis 1982；Bennis and Nanus 1985；DePree 1993，26；Luke 1998，27；Roser，Johnsrud，and Heck 2003；Kouzes and Posner 1995，91-147)。"若给我一位没有愿景的领导，那我将停滞不前。"（Maxwell 1999，150）Collins（2001，95-96）提出创建愿景时应考虑的三个重要问题：

- 在这个世界上我们最擅长做什么？
- 是什么在驱动着组织的经济引擎？
- 领导者最热衷于什么？

除了关注组织和领导者，对潜在追随者需求和观点的关注于愿景设定来说也是重要的。在此方面，愿景的设定致力于"强化共同的命运感"和"共同的目标"（Kouzes and Posner 1995，123-133）。成功的领导者通过传达能激励被领导者的共同的价值观和目标来促成愿景的创建（Berlew 1974；Kanter 2001，264-267）。

管理与监督

许多情况下，领导者的责任会涵盖到对被领导者的管理与监督。该责任内容为：制订计划（Reeves 2002a，99-111；Tromp and Ruben 2004）；发展和改善治理体系（Kennedy and Moore 2003，193-240）；建成和管理工作团队（Luke 1998，67；Sorcher and Brant 2002）；限定组织建设并下放责任（Roser，Johnsrud and Heck 2003）。其他管理和监督责任包括改善和重建工作流程（Brue 2002），及为组织活动提供日常监管。

Pfeffer 和 Sutton 就此提出警告，在微观管理中若监管过分谨慎会导致危险，可能会对公司相关性能和革新成果造成减损。

信息和知识管理

近年来，领导者的信息和知识管理能力越来越受到重视（DuBrin 2004，401-409；Kouzes and Posner 1995，161-162；Roser，Johnsrud，and Heck 2003）。领导面临的最根本的挑战是和他的团队或组织创建一种促进信息共享，合作和学习的文化（Fullan 2001；Kouzes and Posner 1995；Kennedy and Moore 2003，151-170）。

更具体地说，领导者需要和其团队、组织或是社区高效地共享、拣选和过滤信息（Wenger, 1998; Pfeffer and Sutton 2000）。这样做的目标是尽可能多地给人们提供有用的信息，包括关乎其利益的细节信息；通过告知人们相关事件和该事件发生的时间、方式来影响民众；给民众尽可能多的机会去决定他们自己的命运；对民众面临的分裂、情感抑郁和经济压力施予同情与关心（Pfeffer and Sutton 2000, 136）。

但信息管理不单单是散布信息，它是双向的交流与约定。于此，它又包含了占有和使用利益相关者和"知识拥有者"经验和技能所必需的知识和技能（Luke 1998, 70, 107-109）。

技术能力

怎样最大化利用现有技术来维持组织和领导的效率？当代领导需要强化对此的理解与认知（Connaughton and Ruben 2004; Connaughton and Daly 2003; 2004）。这种能力非常重要，因为"地理互连模糊了历史上关于哪些是'全球的'，哪些是'当地的'的区别"（Luke 1998, 9）。

在操作层面最重要的议题是知道何时、怎样利用技术来维持地理上分散的群体的领导力（Majchrzak et al. 2004）及最大化发挥"电子文化"的潜能（Kanter 2001, 6）。

授权与支持

授权与支持经常被认作组织领导力的重要方面（Bennis 1982; DuBrin 2004, 33, 200-205, 375-379; Kornives, Lucas and McMahon 1998, 80-82; Kouzes and Posner 1995, 151-205, 198-200）。简单说来，授权与支持的目标是促使他人行动（Kouzes and Posner 1995）。

完成以上目标的领导战略包括承认并奖励他人所作的贡献（Kanter 2001, 279-280; Kouzes and Posner 1995, 269-313; DePree 1993, 107）；帮助提升他人的知名度并刺激他们的思维（DePree 1993）；提高他们对领导项目和任务的热情；促进他人能力的提升（Conger 1992, 131; DePree 1993）。

谈及对他人的激励时，Charles Schwab 评论说："我发现一类人，不管怎么提升其地位，他在激励体制下反而不能更好地更努力地完成工作。"（Maxwell 1999, 8）DePree 则让领导者问自己一个十分简单的问题："这是

不是我最后一次说感谢?"(1993, 119)

传授和辅导

一些作者把传授和辅导能力当作领导能力来讨论,这对于某些人来说是有益的(Benton 1998, 187-203; DuBrin 2004, 314-317; Tichy 1997; Reeves 2002b),此外,Reeves 也直接暗示了"教学是每一个领导最重要的能力"(2002b, 59)。

Tichy 重视领导人教授和学习的环节,所有优秀的领导人都有自己的风格,但是他们的共同点是所有人会在教学中投入时间和精力,并期望其他领导人能够做同样的事情。教学是他们的生活方式之一(1997, 4)。

领导就是老师,他们通过所教育的人来完成他们的目标。为了强调这一点,Kouzes 和 Posner 提示优秀的领导要善于抓住教育的机会(1995, 223-225)。其他人也用"师友"来形容领导的传授和辅导角色(Crutcher 2004)。

"我们正在寻找那些不怕开除人的人,你或许是大材小用了。"

其他的学者也把发展视为重要的领导能力(Conger and Benjamin 1999, 251; Collins 2001, 25; Kennedy and Moore 2003, 172-192; Reeves 2002b, 59, 72-74)。通过教学,领导者在他人提高领导能力的过程中扮演一个积

极的角色(Tichy 1997, 41)。

推动和谈判力

当代领导人必须精于洽谈与磋商(DuBrin 2004, 14; Hackman and Johnson 2000, 181-182),"领导搭桥"(Hasselbein 1999, vii)。这可能涉及促进共享型领导方式(Pearce and Conger 2003);寻求共同的团队目标(Kouzes and Posner 1995),以及帮助别人明晰他们自己的价值观和有效地处理他们自己的问题。Heifetz这样描述:领导者的角色包括用自己的专业技术帮助别人解决问题的能力(1994, 4-5)。其目标是提高他人的适应能力——他们确定价值观及解决问题的能力。

谈判,在技术层面和更普遍的意义上,是大多数领导者的组织生活的一部分。无论目标是否涉及讨论办公室人员的假期安排和加薪,或是在管理层和其他联盟之间发展契约合作关系,战略谈判的知识和技能总是必不可少的。解决冲突的能力也是谈判的一个重要方面,这种能力对当代领导人来说尤显重要(Deutsch and Coleman 2000; Mnookin, Ross, and Arrow 1995)。

第七章

职级胜任能力

前四类所关注的能力,在本质上是相同的。确切地说,学者将他们描述为在不同个体、情境、部门和设置中,不可或缺的要素。

然而,大量的关键领导力是特定的,而非通用的——具体到特定的部门,职业或工作(Ruben 2004,69-94)。果不其然,在一般的学术性、专业性或流行性的关于领导力的文献中,很少会说特定部门、特定组织或特定工作的能力。但是,我们可以识别出通用且重要的职级胜任的话题。这些话题包括教育、经验、技能、部门知识、组织知识、任务类型的熟悉度,以及语言和词汇。每一个职级胜任的主题都有知识和技能要素。

职级胜任能力

- ✓ 教育
- ✓ 经验
- ✓ 技能
- ✓ 部门知识
- ✓ 组织知识
- ✓ 任务类型的熟悉度
- ✓ 语言和词汇

教育

正规教育和认证的价值,在培育组织中的领导角色方面,长期被认为是重要的(Stogdill 1948)。相关的教育经历可能大致集中于文科、专业题材,或者更窄的技术领域(Ruben 2004;Tichy 1997)。倘若观点和技能的广度在领导的形成中非常重要,从教育成就中获取的知识,在自己的权利中就有实质的价值,但是作为一个领导者,拥有将知识有效应用的能力,也同样重要。正规教育在建立个人可信性的设定中,也非常重要。

除正规教育外,领导力发展计划、实习和其他正规的专业提升机会等经历,都有助于提升领导的教育知识和技能。

经验

"经验无可替代"的观点,在职业资格讨论中是比较常见的。在特定部门、组织或职位的在职工作经验,被认为是领导力的优势。无论是事实上还是感知上,经验是至关重要的。也就是说,除了领导者从经验中获得的知识和技能外,"有经验"也具备象征性的作用,它能够提升别人对你的感知可靠性。相关的经验可能来自实习、学徒或者实际动手操作的工作经历(Kouzes and Posner 1995)。

技能、部门知识、组织知识

感知技能和实际的技能,是小组或组织工作的中心,它为领导效能提供了附加的优势(DuBrin 2004,52)。

教育和经验强调个人的准备,而技能更多关注于一个人拥有且可以展示的相关技术和管理方面的知识与技巧(Kouzes and Posner 1995,184)。和其他职级胜任能力一样,技能有助于提升领导阶层实质性的知识和技能,也可能以积极的方式促成他人对领导的感知。

就像部门方面的工作知识一样,对于成功的领导而言,关于特定组织的战略理解是至关重要的(Kennedy and Moore 2003)。知识所蕴含的一系列因素,是相关的,包括组织的使命、产品和服务、期望、价值、财务状况、文化、历史,和目前的结构(Spear 2004;Kennedy and Moore 2003)。宝贵的知识也与组织的优势、劣势、机会和挑战紧密相关(DuBrin 2004,

407-409）。最终，对高效的领导来说，组织的关键见解就是知道企业做什么才是正确的（Drucker 2004）。

任务类型的熟悉度

除了部门或者组织方面的知识，领导人也从与他们职位相关的特定职责和工作中获益良多（DuBrin 2004，51；Kirkpatrick and Locke 1991）。熟悉组织中其他人执行的管理或技术任务，特别是领导监管的那些人，是非常有益的。如前所述，这种熟悉度，在现实层面和象征层面，对领导而言，都是有意义的。

语言和词汇

就部门、组织、工作和任务而言，精通文学可能极其有利。技术、专业或管理方面的词汇知识，允许人们畅快地谈论工作问题、挑战、机遇。在这个领域中，有益的能力包括涉及技术和组织层面的流畅性，行业特定的缩略语，以及利用特定例子、插图和更广泛案例研究的能力，这个能力使领导在同事和公众面前，说话更可信、更巧妙。

能力=理解+技能

在前面的内容中,我们展示了领导者的 5 项核心能力,并讨论了与每个能力相关的 7 个维度。我们选择在此框架中使用"能力"这个术语,是因为它具有广泛的含义,足以包含两个不同的侧面——理解和技能,它们对领导效能是至关重要的。如图 3 所示,每一种能力的领域和主题,都被视为包含对所涉及的概念在理论以及技能和战略能力方面的理解,它要求行为模式应与理解、知识和理论相一致。

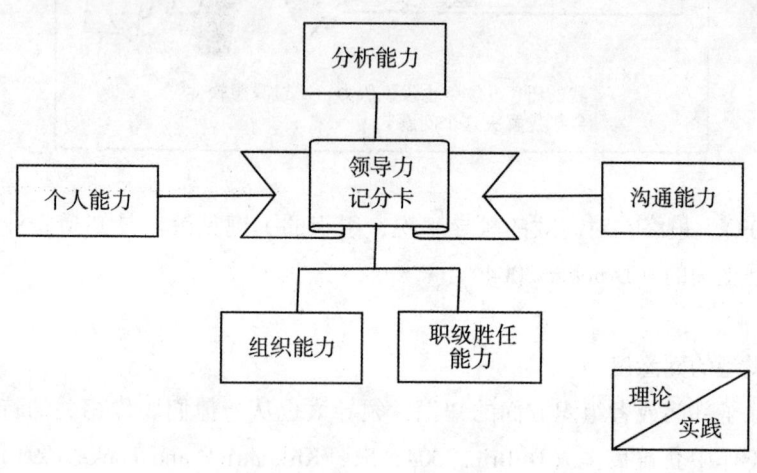

图 3　能力=理解+技能

无论一个人如何看待能力,如自我评估、信念和持久性、权力和支持力、角色造型、语言和词汇,对涉及的概念的理解必然极其重要。但是只有知识不能形成高效的领导力。实际上,正规教育经常受到批判:学生们在拥护多种事物的理论方面,非常能言善道,但却不能有效地将理解融入到行为中。承认"知—行鸿沟"所带来的潜在困难,在许多领域是有价值的,但可能都比不上在领导层面的价值(Pfeffer and Sutton 2000)。

如果一个人只拥有对领导能力的理解,没有将知识转化为有效的实践,这种理解会带来很少好处或完全没有。直白地说,除非人们能够在行动上运用这种见解——有效地实施他们的理解,否则,关于领导力方面的知识都会被浪费。

另一方面，如果一个人掌握特定领域的技能，却不理解特定行为的有关概念，那么这个人就没办法产生自己的技能，也没有能力将这些实践广泛而有策略地应用到其他方式或设置中。对领导能力认识不足，会限制技能水平。当自然技能和行为未能产生预期的影响，理论知识缺乏，会极大地限制一个人在有效诊断情况和寻求其他行动路线方面的能力。由于理解和实用技能都很重要，所以我们的目标是两者兼顾，也就是说，领导能力＝理解+技能。

第八章

 领导能力记分卡清单

领导能力记分卡清单（LCSI）是一个用于评估个人和其他人领导能力的工具。

如表所示，LCSI 列举并简明描述了 35 种能力领域。表格右侧的空格，从 1 到 5 为范围，用于评定一个人对相应概念的理解，以及将理解用于实践的能力。

LCSI 当中有具体的评分说明。完成评分和条形统计表有助于阐明领导的优劣势。使用评分结果的建议包括：

1. 在 5 种核心能力领域中比较结果
2. 在 35 种能力主题上比较结果
3. 在 35 种能力主题上，比较理解和效率的结果

这本书提供了 LCSI 的副本，并附有评分指导。

除了记分卡本身的乐趣外，其结果在创建个人领导力发展计划方面，也是非常有用的。记分卡有多种完成方法。除了自己完成计分卡外，还可以让同事、家人或朋友评价，这很有帮助，可以提供另一个视角，审视你将理解转化为实践的水平。这个过程可以很随意。或者，这个过程可以相当结构化和正规化，以便于工作成员或团队成员有条不紊地、匿名地为每个人完成清单，结果由第三方整合，并返还给每个用户。

使用 LCSI 的结果，有助于识别需要改善的地方，建立专门的个人目标，并致力于自我监督和定期进度检查。如果一

个人选择使用 LCSI 的结果,那么完成 LCSI 会有助于自我评估的进程,而自我评估是领导力发展必备的条件。

领导力记分卡清单（LCSI）

分析能力		概念理解					技能效果				
自我评估	分析一个人的想法、感情和反应	1	2	3	4	5	1	2	3	4	5
问题定义	在给定的环境中,识别需要解决的问题、顾虑、难题和任务	1	2	3	4	5	1	2	3	4	5
利益相关者分析	评估易受领导或组织的决策、政策或实践影响的人的看法	1	2	3	4	5	1	2	3	4	5
系统/组织分析	关注"宏伟蓝图",包括长短期内,受到领导决策、政策或实践影响的顾虑和结果	1	2	3	4	5	1	2	3	4	5
支持领导力的技术分析	评估可用的技术,以及它们在领导力支持工作中,所蕴含的优劣势	1	2	3	4	5	1	2	3	4	5
解决问题	分析情境,识别可能/恰当的领导风格和行动方针,确保进行到底	1	2	3	4	5	1	2	3	4	5
回顾分析结果	汇报并分析结果,提取学到的知识,以便应用到未来的环境中	1	2	3	4	5	1	2	3	4	5
小计——分析能力											

领导力记分卡清单（LCSI）

个人能力		概念理解					技能效果				
性格、价值观和品德	维持个人或专业的标准	1	2	3	4	5	1	2	3	4	5
认知能力和创造力	阐述见解和想象力	1	2	3	4	5	1	2	3	4	5
激情	保持积极的心态	1	2	3	4	5	1	2	3	4	5
高标准	期待自己和他人杰出的表演	1	2	3	4	5	1	2	3	4	5
个人信念和执著	热忱和坚持	1	2	3	4	5	1	2	3	4	5
自信和自律	具备自控、自我关注、自信的能力	1	2	3	4	5	1	2	3	4	5
对未知风险的承受力	面对变化和不确定，保持镇定和灵活	1	2	3	4	5	1	2	3	4	5
	小计——个人能力										

领导力记分卡清单（LCSI）

沟通能力		概念理解	技能效果
可信性和魅力	被赞赏，视为魅力十足、权威、诚实、有能力并值得信任	1 2 3 4 5	1 2 3 4 5
影响力和说服力	说服他人采纳自己支持的观点、看法和行为	1 2 3 4 5	1 2 3 4 5
人际和群体导向	在一对一和组织环境中高效地工作，包括集体合作和解决团体问题	1 2 3 4 5	1 2 3 4 5
倾听能力、注意力、问答和学习能力	从语言和视觉上，关注想法、行为及他人的行为	1 2 3 4 5	1 2 3 4 5
公众演讲能力，写作和视觉表现能力、辩论能力	在公共环境下，有效地介绍信息	1 2 3 4 5	1 2 3 4 5
多样性和跨文化的导向	无论男女，或是不同文化、种族、民族、政治、生活方式的人，都要高效地工作	1 2 3 4 5	1 2 3 4 5
角色示范	实现个人主张的价值和行为	1 2 3 4 5	1 2 3 4 5
小计——沟通能力			

领导力记分卡清单（LCSI）

组织能力		概念理解					技能效果				
愿景设定	激励并提供目标和方向	1	2	3	4	5	1	2	3	4	5
管理与监督	监督每日的操作，包括资金、物力资源和全体员工	1	2	3	4	5	1	2	3	4	5
信息和知识管理	加速信息在团队或组织间的共享	1	2	3	4	5	1	2	3	4	5
技术能力	使用恰当的沟通技术和媒体，支持领导权	1	2	3	4	5	1	2	3	4	5
授权与支持	允许他人承担日益增长的责任，鼓励、承认并加强正向贡献	1	2	3	4	5	1	2	3	4	5
传授和辅导	鼓励领导和领导力的发展	1	2	3	4	5	1	2	3	4	5
推动和谈判力	鼓励参与和妥协；冲突管理	1	2	3	4	5	1	2	3	4	5
小计——组织能力											

领导力记分卡清单（LCSI）

职级胜任能力		概念理解					技能效果				
教育	在与部门相关的能力中，拥有相关的正规教育或训练	1	2	3	4	5	1	2	3	4	5
经验	之前拥有相关的部门经验，如企业、卫生保健、政府、教育	1	2	3	4	5	1	2	3	4	5
技能	拥有合适的、所需的工作能力	1	2	3	4	5	1	2	3	4	5
部门知识	了解部门、部门的问题、挑战和机会，如企业、卫生保健、政府、教育	1	2	3	4	5	1	2	3	4	5
组织知识	了解特定组织、组织的问题、挑战和机遇	1	2	3	4	5	1	2	3	4	5
任务类型的熟悉度	了解并得心应手的处理特定部门或组织的工作和任务	1	2	3	4	5	1	2	3	4	5
语言和词汇	了解与部门和组织相关的词汇	1	2	3	4	5	1	2	3	4	5
小计——职级胜任能力											

领导力记分卡清单（LCSI）
得分指导

将每个类别中的所有得分加和（与概念理解和技能效果相关），将小计放在各自类别的下面。

将小计得分转换成如下的空白条，对应于特定的得分做出水平线。然后，对下图中每个得分进行着色，以创建你自己在5个能力领域中，理解和效果的领导力得分条形图。

范围	分析能力		个人能力		沟通能力		组织能力		职级胜任能力	
35										
30										
25										
20										
15										
10										
5										
	理解	效果	理解	效果	理解	效果	理解	效果	理解	效果

第九章

反思实践：理解⟷技能

在任何时间点，我们会比他人更精通特定方面的领导力。但不管知识如何渊博或技能如何娴熟，总有改进的空间。

不同于才能和天资，能力这种美德，传达了"学习能力"。才能，尤其是天资，暗含了天生的或内在的天赋，它表明，一个人要么"拥有一份特殊的礼物"，要么没有，在这种情况下，个人在某方面会永久不足。然而，能力是可以学习的，与此相关的知识和技能也会随时间而提高。

在理想状态下，理解和技能是相互关联的。每一个都有提高另一个的潜能，表达式为"理解⟷技能"。反思实践是使之发生的关键。简而言之，反思实践就是以领导的身份，自觉监督和审视一个人的行为，引导这些行为的认识，以及产生的结果。

审查过程的最后一步，是基于对结果的分析，恰当地改善一个人的理解力和技能。实际上，承诺将科学方法运用到领导生活中——即成为领导力研究人员——研究的焦点在于个人的理解力和行为，以及所产生的结果。

实施反思实践意味着，在互动、会议、活动结束时，花时间询问情况——也就是说，重新思考指导我们行为的领导观念，重新审视将理解付诸实践的方式，并反思结果。以下是反思过程中的关键性问题：

- 我设法要完成什么？
- 哪种理解能指导我的行为、理论或观念？
- 在将理解付诸实践中，我的效率如何？
- 结果是我所期望的吗？
- 如果不是，为什么？
- 我应该考虑哪些选项？
- 在未来的理解和行动中，我应该做哪些改善？

上文所说并不意味改变一个人的理解是件简单的事情，尤其是改变一个人操纵这种理解的才能。显然它不简单。也不是说某件事情由一个人单独完成。但是别人的点评和睿智的见解，使我们能够做出多种变化，且我们每天如此。另一个选择是什么？放弃自己，认为不可能改变，不可能提高？对于大多数想要成为领导的人，和大多数费力读书的人来说，接受现状并不是可选项。

最积极并具建设性的领导力提升方法，与音乐能力和运动能力的提升一样：继续致力于更高的发展，并扩大自己的知识和技能；专注于反思实践；寻找机会和有用的工具（例如领导力记分卡清单 LCSI）帮助真正的自我反省；征求他人的评价和改进建议；识别并从别人那儿学习所需的知识和技能；寻找机会练习和提高；保持进程。

第十章

用领导能力框架和记分卡目录来规划、发展和评估项目

这个框架和记分卡,或者说是这本书,除了对个人的领导能力有帮助以外,对规划、发展、评估领导能力课程和项目作用都很大。

在最基本的层面,这个框架提供了很多可以用来设计教育项目的主题。书后"参考文献"提供了一套支撑资源。除了提供领导能力领域的信息,它还能提供旨在提高实践技能和应用能力的体验活动,以此来指导人们应用这些领域的认识。

项目评估

人们可以用这个框架和记分卡作为一个目录来评价现有的研讨班、课程或者项目。它们可以被用来评估产品的覆盖范围,评估知识和实际操作技能之间的平衡,并确定哪些重要的主题和技巧在当前的项目中没有得到充分的或者恰当的处理。

测试前后的目标设定和评估

最后,人们可以在评估模式下用记分卡和框架来帮助个人或群体认清当前优势,并且可以在参加研讨会、课程、项目之前建立改进目标。从可评估的角度来看,通过完成"领导能力记分卡目录",个人或群体可以评估知识和技能上的收获作为参加特殊经历教育的结果。

第十一章
最后的注意事项

当然,前文讨论的对特定领导能力来源的选择和对能力领域的论述是笔者个人的看法。

其他研究者或许会选择不同的来源、主题标签或者分类方法。加入了额外来源的更进一步的研究工作会扩大框架范围,改善这个模型,而且可以预计这个项目能够刺激此类研究的进一步发展。也就是说,在现行形式下,能力记分卡提供了一个创新的、实用的和基于文献的框架,来帮助学生领导层、项目评估者和项目设计者。对于那些努力在复杂的、广阔的、正在成长的、多元化的和专业化的领导能力文化领域领军的人们来说是很有用的。

参考文献

[1] Adair, J. 1983. *Effective Leadership*. Hampshire, England: Gower.

[2] Badaracco, J. L. 2001. "We Don't Need Another Hero." *Harvard Business Review*, September, 121-126.

[3] Barrett, R. 1998. *Liberating the Corporate Soul*. Boston: Butterworth-Heine-mann.

[4] Bass, B. M. 1990a. "From Transactional to Transformational Leadership: Learning to Share the Vision." *Organizational Dynamics* 18: 19-31.

[5] Bass, B. M. 1990b. *Leadership, Psychology, and Organizational Behavior*. New York: Harper and Row.

[6] Bass, B. M, and B. J. Avolio. 1990. "The Implications of Transactional and Transformational Leadership for Individual, Team, and Organizational Development." *Research in Organizational Change and Development* 4: 231-272.

[7] Benfari, R. C. 1999. *Understanding and Changing Your*

Management Style. San Francisco: Jossey-Bass.
[8] Bennis, W. 1982. "The Artform of Leadership." *Training and Development*, April, 44-46.
[9] Bennis, W. 1989. *On Becoming a Leader*. Reading, Mass.: Addison-Wesley.
[10] Bennis, W. 1999. *Old Dogs. New Tricks*. Provo, Utah: Executive Excellence.
[11] Bennis, W. 2002. "Becoming a Tomorrow Leader." In *Focus on Leadership: Servant-Leadership for the Twenty-first Century*, ed. L. C. Spears and M. Lawrence. New York: Wiley.
[12] Bennis, W., and B. Nanus. 1985. *Leader: The Strategies for Taking Charge*. New York: Harper and Row.
[13] Benton, D. A. 1998. *Secrets of a CEO Coach*. New York: McGraw-Hill.
[14] Berlew, D. E. 1974. "Leadership and Organizational Excitement." *California Management Review* 17: 21-30.
[15] Bolman, L. G., and T E. Deal. 1997. *Reframing Organizations*. 2nd ed. San Francisco: Jossey-Bass.
[16] Bonabeau, E. 2004. "The Perils of the Imitation Age." *Harvard Business Review*, June, 45-52.
[17] Brue, G. 2002. *Six Sigma for Managers*. New York: McGraw-Hill.
[18] Brumbeck, W. L., and W. S. Howell. 1976. *Persuasion: A Means of Social Influence*. 2nd ed. Englewood Cliffs, N. J.: Prentice Hall.
[19] Burns, J. M. 1978. *Leadership*. New York: HarperCollins.
[20] Collins, J. C. 2001. *Good to Great*. New York: HarperCollins.
[21] Collins, J. C., and J. I. Porras. 1997. *Built to Last*. New York: HarperCollins.
[22] Conger, J. A. 1992. *Learning to Lead*. San Francisco: Jossey-Bass.
[23] Conger, J. A., and B. Benjamin. 1999. *Building Leaders*. San Francisco: Jossey-Bass.
[24] Conger, J. A., G. M. Spreitzer, and E. E. Lawler III. 1999. *Leader's Change Handbook*. San Francisco: Jossey-Bass.

[25] Connaughton, S. L., and J. A. Daly. 2003. "Long Distance Leadership: Communicative Strategies for Leading Virtual Teams." In *Virtual Teams: Projects, Protocols, and Processes*, ed. D. J. Pauleen, 116-144. Hershey, Pa.: Idea Group.

[26] Connaughton, S. L., and J. A. Daly. 2004. "Leading from Afar: Strategies for Effectively Leading Virtual Teams." In *Virtual and Collaborative Teams: Process, Technologies, and Practice*, ed. S. Godar and S. P. Ferris, 49-75. Hershey, Pa.: Idea Group.

[27] Connaughton, S. L., F. L. Lawrence, and B. D. Ruben. (Sept/Oct 2003) "Leadership Development as a Systematic and Mul-tidisciplinary Enterprise." *Journal of Education for Business* 79 (1): 46-51.

[28] Connaughton, S. L., and B. D. Ruben. 2004. "Millennium Leadership Inc.: A Case Study of Computer and Internet-Based Communication in a Simulated Organization." In *Internet-Based Workplace Communications: Industry and Academic Applications*, ed. K. St. Amant and P. Zemliansky, 40-67. Hershey, Pa: Information Science.

[29] Covey, S. R. 2002. "Servant-Leadership and Community Leadership in the Twenty-first Century." In *Focus on Leadership: Servant-Leadership for the Twenty-first Century*, ed. L. C. Spears and M. Lawrence. New York: Wiley.

[30] Covey, S. R. 2004. *The 8th Habit: From Effectiveness to Greatness*. New York: Free Press.

[31] Crutcher, R. A. 2004. "An Ear for Leadership." *Chronicle of Higher Education*, December 17, B5.

[32] DePree, M. 1993. *Leadership Jazz*. New York: Dell.

[33] DePree, M. 1999. "My Mentor' Leadership Lessons." In *Leader to Leader*, ed. F. Hasselbein and P. M. Cohen, 15-24. San Francisco: Jossey-Bass.

[34] DePree, M. 2002. "Servant-Leadership: Three Things Necessary." In *Focus on Leadership. Servant-Leadership for the Twenty first Century*, ed. L. C. Spears and M. Lawrence. New York: Wiley.

[35] Deutsch, M. and P. T. Coleman. 2000. *The Handbook of Conflict Resolu-*

tion: *Theory and Practice*. New York.

[36] Drucker, P. F. 1999. "The Shape Of Things to Come." In *Leader to Leader*, ed. F. Hasselbein and P. M. Cohen. San Francisco: Jossey-Bass.

[37] Drucker, P. F. 2004. "What Makes an Effective Executive?" *Harvard Business Review*, June, 58-63.

[38] DuBrin, A. W. 2004. *Leadership*. New York: Houghton Mifflin.

[39] Fairhurst, G., and R. A. Sarr. 1996. *The Art of Farming*. San Francisco: Jossey-Bass

[40] Fiedler, F. E. 1967. *A Theory of Leadership Effectiveness*. New York: McGraw-Hill.

[41] Fine, D. 2005. *The Fine Art of Small Talk*. New York: Hyperion Books.

[42] Fontana, D. 1990. *Social Skills at Work*. New York: Routledge.

[43] Fullan, M. 2001. *Leading in a Culture of Change*. San Francisco: Jossey-Bass.

[44] Gardner, J. 1968. *No Easy Victories*. New York: HarperCollins.

[45] Goffman E. 1959. *The Presentation of Self in Everyday Life*. Garden City, N. Y.: Doubleday.

[46] Goleman, D. 1998. "What Makes a Leader?" *Harvard Business Review*, November/December, 92-102.

[47] Goleman, D. 2002. *Primal Leadership*. Boston: Harvard Business School Press.

[48] Goodwin, D. K. 1999. "Ten Lessons from Presidents." In *Leader to Leader*, ed. F. Hasselbein and P. M. Cohen, 25-42. San Francisco: Jossey-Bass.

[49] Greenleaf, R. K. 1977. *Servant Leadership*. Mahwah, NJ.: Paulist Press.

[50] Greenleaf, R. K. 2002. "Essentials of Servant-Leadership." In *Focus on Leadership: Servant-Leadership for the Twenty-fast Century*, ed. L. C. Spears and M. Lawrence. New York: Wiley.

[51] Grint, K. 2000. *The Arts of Leadership*. Oxford, England: Oxford University Press.

[52] Hackman, M. Z., and C. E. Johnson. 2000. *Leadership*. 3rd ed. Prospect

Heights, Ill.: Waveland.

[53] Handy, C. 1993. *Understanding Organizations*. New York. Oxford University Press.

[54] Hargie, O., C. Saunders, and D. Dickson. 1994. *Social Skills in Interpersonal Communication*. 3rd ed. New York: Routledge.

[55] Hasselbein, F. 1999. *Introduction in Leader to Leader*, ed. F. Hasselbein and P. M. Cohen, xi-xiv. San Francisco: Jossey-Bass.

[56] Heifetz, R. A. 1994. *Leadership without Easy Answers*. Cambridge, Mass.: Belknap/Harvard.

[57] Heifetz, R. A., and M. Linsky. 2002. *Leadership on the Line*. Boston: Harvard Business School Press.

[58] Hersey, P. 1984. *The Situational Leader*. Escondido, Calif.: Center for Leadership Studies.

[59] Hersey, P., and K H. Blanchard. 1979. "Life-Cycle Theory of Leadership." *Training and Development Journal*, June, 94-100.

[60] Hewertson, R. B. 2002. *How to Build a Space Station*. Philadelphia: Xlibris.

[61] Hofstede, G. 1993. "Cultural Constraints in Management Theories." *Academy of Management Executive* 7 (February): 81-94.

[62] Kanter, R. M. 2001. *Evolve*. Boston: Harvard Business School Press.

[63] Kaplan, R. S., and D. P. Norton. 1996. *The Balanced Scorecard*. Boston: Harvard Business School Press.

[64] Kaplan, R. S., and D. P. Norton. 2001. *The Strategy-Focused Organization*. Boston: Harvard Business School Press.

[65] Keegan, J. 1987. *The Mask of Command*. New York: Viking Penguin.

[66] Kelleher, H. 1999. "The Best Lesson in Leadership." *In Leader to Leader*, ed. F. Hasselbein and P. M. Cohen, 43-50. San Francisco: Jossey-Bass.

[67] Kellerman, B. 2004. "Leadership—Warts and All." *Harvard Business Review*, January, 40-44.

[68] Kennedy, K., and M. Moore. 2003. *Going the Distance*. Upper Saddle

River, N. J.: Prentice Hall.

[69] Kipnis, D., S. M. Schmidt, C. Swaffin-Smith, and I. Wilkinson. 1984. "Patterns of Managerial Influence: Shotgun Managers, Tacticians, and Bystanders." *Organizational Dynamics* 12 (3): 58-67.

[70] Kirkpatrick, S. A., and E. A. Locke. 1991. "Leadership: Do Traits Matter?" *Academy of Management Executives* 5: 48-60.

[71] Komives, S. R., N. Lucas, andT. R. McMahon. 1998. *Exploring Leadership*. San Francisco: Jossey-Bass.

[72] Kotter, J. P. 1999. *What Leaders Really Do*. Boston: Harvard Business School Press.

[73] Kotter, J. P. 2001. "What Leaders Really Do." *Harvard Business Review*, December, 85-97.

[74] Kouzes, J. M., and B. Z. Posner. 1995. *The Leadership Challenge*. San Francisco: Jossey-Bass.

[75] Kouzes, J. M., and B. Z. Posner. 1996. "Seven Lessons for Leading the Voyage to the Future." In *Leader of the Future*, ed. F. Hasselbein, M. Goldsmith, and R. Beckhard, 99-110. San Francisco: Jossey-Bass.

[76] Luke, J. S. 1998. *Catalytic Leadership*. San Francisco: Jossey-Bass.

[77] Maggio, R. 2005. *The Art of Talking to Anyone*. New York: McGraw-Hill.

[78] Majchrzak, A., A. Malhotra, J. Stamps, and J. Lipnack. 2004. "Can Absence Make a Team Grow Stronger?" *Harvard Business Review*, May, 131-138.

[79] Maxwell, J. C. 1999. *The 21 Indispensable Qualities of a Leader*. Nashville: Thomas Nelson.

[80] McGarvey, R. 2004. "Field Guide to the New CEO." *American Way Magazine*, September 15. Retrieved online atwww. american-waymag. com/business/feature. asp? archive_ date=9/15/2004.

[81] Mnookin, R. H., L. Ross, and K. J. Arrow. 1995. *Barriers to Conflict Resolution*. New York Norton.

[82] Mintzberg, H. 1973. *The Nature of Managerial Work*. New York: Harper and Row.

[83] Mintzberg, H. 1990. "The Manager's Job: Folklore and Fact." *Harvard Business Review*, March/April, 163-176.

[84] Morris, T. 1997. *If Aristotle Ran General Motors*. New York: Owl Books.

[85] Morrison, A. M. 1992. *The New Leaders: Guidelines on Diversity in America*. San Francisco: Jossey-Bass.

[86] Nadler, D. A., and M. L. Tishman. 1990. "Beyond the Charismatic Leader: Leadership and Organizational Change." *California Management Review* 32 (winter): 77-97.

[87] Northouse, P. 2004. *Leadership*. Thousand Oaks, Calif.: Sage.

[88] Noyes, R. B. 2001. *The Art of Leading Yourself*. Fort Bragg, Calif.: Cypress Press.

[89] Patterson, K., et al. 2002. *Crucial Conversations: Tools for Talking When Stakes are High*. New York: McGraw-Hill.

[90] Pearce, C. L., and J. A. Conger. 2003. *Shared Leadership*. Thousand Oaks, Calif: Sage.

[91] Pfeffer, J., and R. I. Sutton. 2000. *The Knowing-Doing Gap*. Cambridge, Mass.: Harvard University Business School Press.

[92] Prentice, W. C. H. 2004. "Understanding Leadership." *Harvard Business Review*, January, 102-108.

[93] Prince, H. T, II, et al. 1998. *Leadership in Organization*. Garden City Park, N. Y.: Avery.

[94] Reeves, D. B. 2002a. *The Daily Disciplines of Leadership*. San Francisco: Jossey-Bass.

[95] Reeves, D. B. 2002b. *The Leader's Guide to Standards*. San Francisco: Jossey-Bass.

[96] Roser, V. J., L. K. Johnsrud, and R. H. Heck. 2003. "Academic Deans and Directors: Assessing Their Effectiveness from Individual and Institutional Perspectives." *Journal of Higher Education* 74 (1): 1-25.

[97] Ruben, B. D. 2004. *Pursuing Excellence in Higher Education: Eight Fundamental Principles*. San Francisco: Jossey-Bass.

[98] Ruben, B. D. 2005a. "The Center for Organizational Development and

Leadership at Rutgers University: A Case Study, 'Organization Development and Change in Universities.'" A special issue of *Advances in Developing Human Resources* 7 (3): 368-395.

[99] Ruben, B. D. 2005b. *Excellence in Higher Education: An Integrated Guide to Assessment, Planning, and Improvement.* Washington, D. C.: National Association of College and University Business Officers.

[100] Ruben, B. D. 2006. *The Leadership Style Inventory (LSI): Becoming a Strategic Leader.* Washington, D. C.: National Association of College and University Business Officers.

[101] Ruben, B. D., and L. Stewart, 2005. *Communication and Human Behavior*, Fifth Edition. Boston: Allyn-Bacon.

[102] Schein, E. H. 1992. *Organizational Culture and Leadership.* 2nd ed. San Francisco: Jossey-Bass.

[103] Schein, E. H. 1996. "Leadership and Organizational Culture." In *Leader of the Future*, ed. F. Hasselbein, M. Goldsmith, and R. Beckhard, 59-69. San Francisco: Jossey-Bass.

[104] Senge, P. 1990. *The Fifth Discipline.* New York: Doubleday.

[105] Senge, P. 1996. "Leading Learning Organizations." In *Leader of the Future*, ed. F. Hasselbein, M. Goldsmith, and R. Beckhard, 41-57. San Francisco: Jossey-Bass.

[106] Sorcher, M., and J. Brant. 2002. "Are You Picking the Right Leaders?" *Harvard Business Review*, February/March, 78-87.

[107] Spear, S. J. 2004. "Learning to Lead at Toyota." *Harvard Business Review*, May, 78-87.

[108] Spears, L. C., and M. Lawrence. 2002. *Focus on Leadership: Servant-Leadership for the Twenty-first Century.* New York: Wiley.

[109] Stogdill, R. M. 1948. "Personal Factors Associated with Leadership: A Survey of the Literature." *Journal of Psychology* 25: 35-71.

[110] Tichy, N. M. 1997. *The Leadership Engine.* New York: HarperCollins.

[111] Tromp, S. A., and B. D. Ruben. 2004. *Strategic Planning in Higher Education.* Washington, D. C.: National Association of College and Univer-

sity Business Officers.

[112] Useem, M. 1998. *The Leadership Moment.* New York: Random House.

[113] Vroom, V. H., and P. W. Yetton. 1973. *Leadership and Decision-Making.* Pittsburgh: University of Pittsburgh.

[114] Wenger, E. 1998. *Communities of Practice.* Cambridge, England: Cambridge University Press.

[115] Wheatley, M. J. 1999. *Leadership and the New Science.* San Francisco: Berrett-Koehler.

[116] Wheatley, M. 2002. "The Work of the Servant-Leader." In *Focus on Leadership: Servant-Leadership for the Twenty-first Century*, ed. L. C. Spears and M. Lawrence. New York: Wiley.

[117] Witherspoon, P. D. 1997. *Communicating Leadership.* Boston: Allyn and Bacon.

[118] Witherspoon, P. D. 2004. "Communication at the Center of Leadership Education: Looking to the Future." Paper presented at the Annual Conference of the National Communication Association, May. Chicago.

[119] Young, R. L. *Understanding Misunderstandings: A Practical Guide to More Successful Human Interaction.* Austin: University of Texas Press, 1999.

[120] Yukl, G., and J. B. Tracey. 1992. "Consequences of Influence Tactics Used with Subordinates, Peers, and the Boss." *Journal of Applied Psychology*, August, 525-535.

[121] Zaleznik, A. 1992. "Managers and Leaders: Are They Different?" *Harvard Business Review*, March/April, 126-135.

译后记

国家留学基金管理委员会和美国罗格斯大学（新泽西州立大学）共同举办的教育行政人员和教师研修项目——高校领导力培训班，于2013年7月11日至8月9日在美国罗格斯大学进行。武汉大学选派了组织部部长赵雪梅、本科生院院长陈传夫、历史学院党委书记刘礼堂、物理科学与技术学院党委书记付兴荣、计算机学院党委书记黄治国、信息管理学院党委书记董有明、水利水电学院党委书记屈文谦、基础医学院党委书记蒋明等8名管理人员组成赴美培训小组参加了培训。

作为授课教师之一，罗格斯大学组织发展与领导力中心创始人与行政主管布兰特·罗本（Brent D Ruben）教授讲授了大学领导力和组织实践专题。罗本博士是罗格斯大学组织发展和领导力中心主任、沟通和执行董事会的杰出教授，获得了爱荷华大学的学士、硕士和博士学位，是美国高等教育持续改进联盟（NCCI）的第一任主席，美国教育部认证监管规则制定小组成员，也是美国标准与技术研究所（NIST）教育和波多里奇试点教育和医疗咨询评估团队成员，获得了美国高校事务官联盟的职业发展和学术奖（2003）。他已经出版40本著作，公开发表200篇文章。

布兰特·罗本博士授课时，介绍了他的关于高校领导力方面研究的三本专著：《卓越高等教育指南——大学评测、规划和改进整合方法》和《领导者需知必做——领导能力记分卡》，以及《高等教育战略规划——领导者手册》。罗本博士讲授内容丰富，特别是所提出的卓越的高等教育应具备的领导能力等问题很值得进一步研究探索。我们对他的讲授印象十分深刻，得知这三本书在高等教育领导力领域广受欢迎，但还没有出版中文版。于是我们向罗本建议出版中文版，他欣然同意。回国后，赵雪梅等和武汉大学出版社与这套书的美国出版机构进行了多次磋商，得到了授权，达成了出版协议。陈传夫等培训组8名成员即合作进行了翻译工作。

《卓越高等教育指南——大学评测、规划和改进整合方法》阐述了评估、计划和改进方面的两个重要方法。第一个方法是采用Baldrige模型。Baldrige模型（Baldrige，2009）被普遍认为是权威的组织评价模型之一，在美国高等院校的项目和机构评估中最明显和被广泛使用的标准。第二个方法是美国高等教育委员会采用的卓越高等教育（EHE）模型。EHE模型针对高等教育中的特定需求进一步扩展了Baldrige模型，吸收了Baldrige模型和评价框架中的优点，提供了一个整合的方法来评价、规划以及改善整个机构，在各个层面上进行有效的回顾和评估，从整体的角度提出可改进的重点方向。由于Baldrige模型强调改进，而EHE模型将服从列为首要关注和最重视的问题，二者互相弥补，一起成为高等教育概念化、文本化、追求卓越和有效性的最佳指南。

《领导者需知必做——领导能力记分卡》总结和综合了各种关于领导力的观点，并提供一个集成的、基于领导力的模型。模型回答了领导需要知道什么和可以做什么的问题。作者找出了领导力的关键方面，并将其归纳为35个主题，又将这些主题分为分析能力、个人能力、沟通能力、组织能力、职级胜任能力等5个领导技能领域。总的来说，这5个技能领域和35个主题构成了本书中的领导能力记分卡。

《高等教育战略规划——领导者手册》是由罗格斯大学组织发展和领导中心的副主任、罗格斯大学副校长谢里·邓普（Sherrie Tromp）与布兰特·罗本合著的。该书为高等教育的战略规划提出了一个综合的规划方法。此方法由 7 个模块组成。每一个模块都描述了战略规划框架的一个阶段。著作对每个阶段的战略规划要点进行了分析：（1）领导——在规划过程中，负有责任的个人或团体如何指导组织制订并实施计划进度和目标，进而推进使命、愿景和价值的实现；（2）沟通——如何在组织内传达、提升、协调计划和目标；（3）评估——如何评估计划和目标的进度；（4）文化——组织的语言、历史、规则、传统和习惯如何影响规划的动态性。

目前，我国对大学领导力的研究越来越受到重视，翻译出版这套书也是恰逢其时。在中文版出版之际，让我们对支持并资助高校管理干部访问培训的国家留学基金管理委员会表示感谢；对支持帮助我们成行的校党委和行政部门表示感谢；对行前给我们嘱托的韩进书记、冯友梅常务副校长、黄泰岩副书记和在美期间鼓励我们的李晓红校长等表示衷心感谢；对为我们授课的罗格斯大学的教师和为培训班付出辛劳的美国朋友们表示衷心感谢；对学校党委组织部、人事部等相关部门的朋友们为培训工作付出的辛勤劳动表示衷心的感谢！

感谢美国大学事务官协会、英文版权联系人 Tadu Yimam 授权翻译出版中文版。中文版是集体劳动的成果。感谢武汉大学出版社各位领导，总编室人员及各位编辑的大力支持和辛勤工作，感谢武汉大学信息管理学院研究生冯昌扬、王甜甜、刘凤、黄丹和许佳玲的译校工作，以及对中文版的出版给予了支持与帮助的各界朋友！本书翻译出版由于时间仓促，翻译工作中难免存在着这样那样的不足，欢迎各位读者不吝赐教。

武汉大学管理人员赴美培训小组
2013 年 11 月 30 日